灵活用工

人才为我所有到为我所用

冯喜良　张建国　詹　婧　谢丽霞　著

FLEXIBLE
EMPLOYMENT

中国人民大学出版社
·北京·

序

在新的经济发展形态下，决定一个企业成败的关键不再是你拥有多少人才，而是你能够使多少人才为你所用，以及如何进行高效管理。

中国经济从高速增长转变到相对增速放缓的新阶段，迫使企业从机会导向型向管理导向型转变，通过技术的价值来提升产品价值，通过管理的价值来提升企业效益。而在企业管理中人成为越来越重要的因素。当今世界，技术变革的速度越来越快，伴随而来的新的产品和服务模式层出不穷。一个企业要在快速变化的市场环境中生存，最根本的是要具备适应环境与快速应变的能力。

“柔性生产”曾经使很多企业获得竞争优势。而在中国目前的经济发展阶段，“人力资源柔性管理”对一个企业的生存和发展具有关键性的作用。“人力资源柔性管理”在企业实际经营中最直接的体现是灵活用工模式的使用。灵活用工的实际经济价值可以从两方面来体现：一是根据企业自身业务波峰波谷的特点来调节用工人数，以达到降低人工成本、避免用工风险的目的；二是当出现巨大的外部市场发展机会时，通过与人力资源公司合作，采用灵活用工的方式快速组建服务团队，提高服务效率，以达到获取市场先机的目的。

灵活用工是企业在面对激烈竞争环境和技术变革时所采取的有效管理策略之一，是企业弹性用工的一种方式。进入共享经济时代，灵活用工正在从企业微观的操作层面向战略层面转变，企业期望通过灵活用工来提升自身适应环境的能力、降低劳动成本、增加营业利润，从而为企业提供更多的竞争优势。同时，工作方式的变化使“为我所有”传统理念的人力资源服务模式逐渐被变革，以灵活化、分散化以及项目制、合作式等为特征的“为我所用”的现代人才理念有了更广阔的适用空间，进一步推动了灵活用工的不断发展。

劳动分工精细化提高了生产效率。灵活用工的本质是一个通过分解与整合来实现劳动分工精细化的过程。传统的标准用工是以企业完整的工作岗位为基础，在相对固定的场所、时间、工作方式和福利待遇等前提下，购买劳动者的综合能力和整体劳动时间；而灵活用工则将企业的整个生产链分解为核心业务和辅助性业务，将完整的工作岗位分解为单项的工作任务，将劳动者的综合能力和整体劳动时间分解为不同的专项技能和工作时段，分解后的辅助性业务与专业人力资源服务公司相对接，单项工作任务与具有专项技能的劳动者相匹配，通过整合形成“专业的业务由专业的人来做”的生产方式，从而实现劳动分工的精细化与生产效率的提高。

在信息技术迅猛发展的当今时代，灵活用工具有优化资源配置、改善生产模式、提高生产效率的作用，是企业能够发挥最佳经济效能的用工方式之一。与此同时，当前的新型灵活用工仍然处于不完善阶段，在劳动者与用工单位之间如何达到效率与权益的平衡，还在不断探索。因此，对于灵活用工需要采取扶持、疏导和规制的管理方式，不断探寻提高生产效率与充分保障劳动者权益的平衡点，以实现有序、稳定、良好的生产过程。这是政府协调管理灵活用工的出发点，也是保障灵活用工健康、可持续发展的关键环节。

灵活用工包括使用兼职、劳务合作、短期合同、自雇合作、劳务派遣、人力资源服务外包等用工方式。其中，人力资源服务外包是指企业根据自身发展需求和实际情况，将人力资源事务中的全部或部分工作委托给专业的人力资源服务外包公司来完成。它将是企业未来灵活用工的主要形式之一和重要发展方向。专业化的人力资源外包服务既能帮助企业实现服务团队的快速调整、弹性管理，满足企业在用工方面高效率、低成本、低风险等灵活性的需求，又能通过人力资源服务外包公司的集中管理和专业运营，在一定程度上构建适合灵活用工模式的劳动者权益保障体系，实现劳资平衡发展。这是劳资双方以及政府管理部门均接受和鼓励的用工方式，将会得到进一步发展。

再看劳动者的求职意愿与工作形态，也发生了巨大的变化。例如，具有丰富经验的高级专业人才，有些并不喜欢与单一企业签订固定劳动合同，而是更愿意采用以灵活的工作时间，按照专业成果与企业进行劳务合作的方式。在互联网技术基础上，共享经济得到了惊人的发展，随之带来了自雇劳动者数量的几何倍数增长。劳动者与企业之间不只是简单的雇佣关系，而是互相合作的关系。因此，在企业如何有效地获取人才和使用人才上出现了一种新的趋势，基于劳动输出与使用的双方价值之上的灵活用工方式将产生巨大的经济能量。

灵活用工针对的劳动者范围不只是一般认识上的体力劳动者和低层级的服务人员，还包括高端专业人才、管理人才和具有专项业务技能的智力劳动者。

人力资源服务外包包含了很多具体的服务内容，从人员招聘，到人员培训、劳动关系管理、绩效管理、员工流失率控制、用工风险管控等。它是一项一体化的系统性人力资源综合服务，其最大的特点是帮助客户解决用人的问题。发包单位关注自身的业务与市场的发展，人力资源服务外包公司专注于团队管理及效能提升，通过发包单位与人力资源服务外包公司的紧密合作，发挥各自的最大运作效能，最终达到“1＋1＞2”的企业经营目标。企业通过与专业人力资源服务外包公司的合作，还可以把企业内部的劳动力与社会化的外部劳动力市场灵活地结合起来，达到不求人才“为我所有”，但求人才“为我所用”的管理境界。

为了能够让读者系统地了解人力资源服务外包的内容，尤其是如何在实际工作中使用人力资源服务外包的业务，本书对人力资源服务外包的主要功能模块进行了详细介绍，其中有许多内容具有非常强的可操作性和实用性。由于人力资源服务外包在中国还处于初期发展阶段，很多中国企业的经营管理者对灵活用工的方法和价值还不太理解，甚至有误解，认为外包就是把企业自己不想要的人包给外包公司去管理，甚至把有些不合规或不合法的事情让外包公司去处理。这样做的结果，看起来企业的成本降低了，或者风险转嫁出去了，但并不能增强企业的市场竞争能力。从国外发达国家的发展历史来看，人力资源服务外包其实是一种新的社会劳动力资源组合方式，通过社会劳动力资源利用最大化来实现企业效益的最大化。

希望通过本书的系统阐述能够让更多的企业了解灵活用工的模式，以适应中国新的经济发展形态，使更多的企业在激烈的市场竞争中获得成功。

目　录

1. 什么是灵活用工

随着以信息技术为代表的第四次工业革命不断推进，世界各国（地区）经济已经步入了新时代。随着商业竞争环境日益激烈、新的组织模式大量崛起、传统行业不断受到新技术的冲击，企业的人力资源管理面对诸多挑战。采用什么样的用人机制、怎样优化配置人力资源、如何快速响应内外部环境的变化，对企业的管理者提出了更高的要求。为了应对竞争压力，满足企业竞争战略的要求，企业必须具有足够的市场应变能力与弹性化管理能力，必须能够及时、快速、稳健地调整其人力资源策略，才能有效地应对新时代的挑战。

20 世纪 60 年代以来，灵活用工在世界各个国家和地区被证明是企业面对激烈的竞争环境和技术变革时，所采取的最有效战略之一。灵活用工在主要发达国家（地区）得到了普遍的运用和推广。灵活用工模式极为丰富，涉及的行业广泛，在主要发达国家有相应的法律法规与保障机制、监管机制，灵活用工有正当权益的保障和法规制度。

本书讨论了灵活用工的主要形式——人力资源服务外包——所能够带给企业的竞争优势。本书不仅希望企业管理者从战略层面重新认识灵活用工对于企业在快速变化的环境中获取竞争优势的意义，更从操作层面给出企业人力资源管理者实际的操作指引。本章主要讨论了灵活用工的概念及发展，并对中国劳动力市场的灵活用工现状进行描述。

1.1 灵活用工

灵活用工是指在规定工作任务或固定工作时间长度的前提下，企业根据关于雇佣关系制度的现行法律法规，通过使用兼职、劳务合作、自雇合作、劳务派遣、短期合同、人力资源服务外包等多种用工方式，帮助实现企业人力资源队伍的快速调整、精确匹配、弹性管理和敏捷适应环境变化。

在人力资源研究领域，灵活用工体现了企业人力资源弹性使用的方式。人力资源弹性代表着企业为了应对内、外环境的变化所采取的人力资源灵活化的处理措施，其核心强调的是企业对环境变化的适应力、柔韧性以及反应力。阿特金森博士于 1984 年提出弹性企业模型，他将企业的人力弹性划分为两种类型：数量弹性和职能弹性。数量弹性是指企业面临市场和生产需求变动时，能够及时改变人力投入的数量与种类，不因变动而产生人员不足或过剩的情况，使企业保持生产人力的最佳适量。职能弹性是指企业发展员工技能，使他们适应不同的工作内容，以便迅速响应市场需求与产业变化。阿特金森根据这两种弹性和企业工作特性将一个企业中的劳动力分为核心员工群和外围员工群两个部分，形成弹性企业模型（见图 1.1）。

核心员工直接从事与企业经营有关的关键性工作事务，其拥有企业本身生产经营过程中所必备的主要工作技能，且不断接受企业的要求学习新技能，提高自身的生产力。因为其职务难以取代且自主性较高，因此在让核心员工享有较高的组织地位、权利以及优越的薪酬福利待遇外，通常企业会以全职性的长久雇佣方式来保障其就业安全。在短期

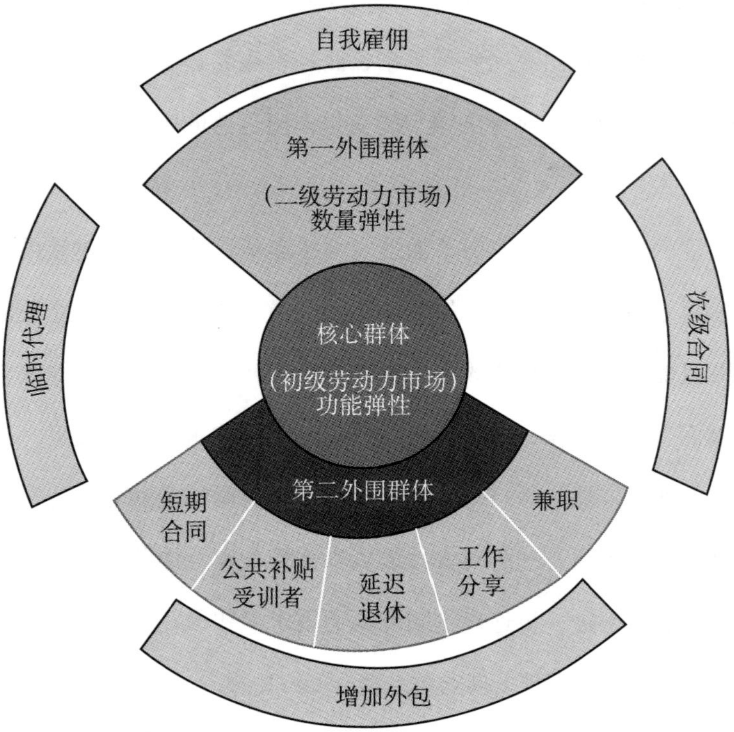

图 1.1　弹性企业模型

上，核心员工的工作设计可能会涉及跨专业领域的沟通学习、扩大工作范围以及投入多技能的工作等，而在长期上，则有可能会经历职业生涯的重新设计及重新培训等过程。

外围员工的主要工作任务是辅助核心员工完成各项作业流程，其从事的工作内容也大多是相对简单、范围狭窄的，通常工作的自主性及技术层次较低，具备短期内可顺利培养起来的半专业或非专业技能。因为即使没有相关的工作经验或知识背景，也可比较轻易地进入这项工作，故外围员工是高替代性的人员，因而其工作保障也较为脆弱。由于企业在遇到外围员工短缺时，可直接由外部劳动市场获得，所以一般不会为外围员工耗费很多的培训成本，也不会对其有完整的职业生涯规划。另外，企业并不期许对这些外围员工作出高度组织承诺，而是希望能够借助不同劳动契约的运用和工作时间的安排对无法预知的变化作出迅速的响应，以更有效降低单位劳动成本。

在多变的环境中，企业为了加强或维持竞争优势，必须对其内部的人力资源加以审慎评估与发展。虽然雇用外围员工能够有效降低企业的劳动成本，并且能对经营环境的改变作出有效反应，是一种防御性的人力弹性战略，然而就长期而言，企业为持续适应市场与技术发展的变动，必须加强对员工的职务发展与教育培训，使其能在企业面临变动时迅速在各种职务间重新配置，因而是一种攻击性的人力弹性战略。因此，企业应该使用何种弹性措施，来进一步适应不同的人力需求变化，并使其发挥最大的效益，就成了人力资源管理发展的重点。

随着企业弹性理论的发展，不少学者对弹性企业模型进行了深入研究。查尔斯·汉迪博士于1990年提出三叶草组织形态（见图1.2），特指由三部分或三片叶子构成的一种组织结构。他认为未来企业由三部分员工组成：专业核心人员、外包人员和临时及兼职人员。专业核心人员包括专业、技术、管理员工，是企业生存发展的基础，其报酬与绩效息息相关。外包人员源自于企业将非核心工作外包给外包商或个人，以集中发展核心业务。外包人员的报酬形式是领取服务费。临时及兼职人员是企业根据业务需求及时增减人力而产生的。临时及兼职人员除了提供传统的初级劳动力外，也可能提供经验丰富且具有创造能力的人力，如顾问、财务人员等。其中后二者对应于阿特金森所说的外围员工。

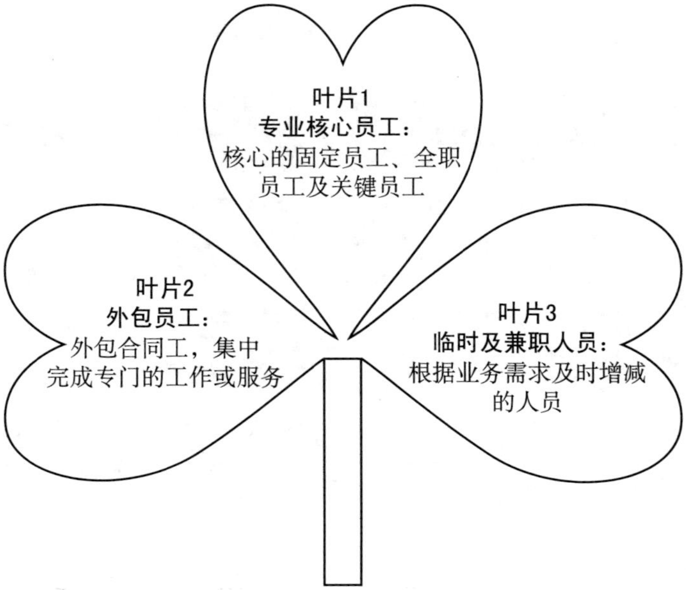

图 1.2　三叶草组织形态

有学者在阿特金森和查尔斯·汉迪的理论基础上发展出不同的人力资源弹性形态。布莱顿博士于 1996 年提出从战略层面看待人力资源弹性。他认为战略性的人力资源弹性大致有四种类型，分别是职能弹性、数量弹性、工时弹性和薪酬弹性（见表 1.1）。

在布莱顿博士的模型中，职能弹性指的是员工在执行某一范围内的工作或任务时的可移动性、适应性抑或多技能性。在这种弹性下，员工既可对工作需求的改变或技术要求的改变作出及时反应，又能很快适应新的工作内容。职能弹性的目的在于通过提高人才职能的适应性，使企业的运营活动能够及时适应社会经济环境的变化以及新型生产技术的快速发展，持续获得良好的核心竞争能力。

表 1.1　　　　战略层面人力资源弹性的类型及实施措施

类型	特征	具体措施	目标
职能弹性	强调人力运用的灵活性、适应性、可移动性	工作扩大化、工作丰富化、岗位轮换	人才需要与企业相结合
数量弹性	强调人力需求数量变化的反应性	临时工、兼职、外包、雇佣和解雇	人力需要与企业相配合
工时弹性	强调工作时间与生活时间的灵活性	弹性工作时间制、压缩每周工作天数	生产时间的需要与员工休息时间相互配合
薪酬弹性	强调员工薪酬结构的变动性	底薪、奖金、福利 利润分享、股票期权等	薪酬水平能与员工绩效相互配合

数量弹性指的是因投入—产出量的变化对人力的数量或种类的需求相应地发生变化时，企业能迅速调节人力安排，以符合实际需要的能力。数量弹性的目的在于平衡企业的人力需求与雇佣量，以免企业受制于长期雇佣承诺而增加人工成本。企业可以充分利用外部劳动力市场和外包来实现人力数量弹性，采用多种雇佣方式如兼职、短期或临时合同等。数量弹性的措施可以使企业达到调节企业运作所需要的人力资源的投入、降低人力成本的目的。在经济不景气时，企业在面临人力成本过高的压力时，常采用的应对方法之一就是雇用暂时性的劳动力。此外，企业通过签订商业合同，将较不具技术性质或者系企业非核心的业务外包给其他专业公司，能够减少核心员工处理不重要的事务或非其专业工作的时间和精力，使其专注于本职工作，提高工作效率。

工时弹性也称作弹性工作制，指的是在遵守劳动法规的前提下，企业为配合业务需要、经营变动或满足员工自身需要而采用弹性的工作时间。一方面，企业可以在遵守国家劳动法规的前提下，合理利用加班、轮休等方式弹性地处理工作时间；另一方面，员工可以在完成规定的工作任务或固定的工作时间长度的前提下，灵活地、自主地选择工作的具体时间安排，以代替统一、固定的上下班时间。

薪酬弹性指的是改变传统固定的薪酬结构，以多样化的薪酬结构来支付工资，建立以个人绩效为基础并结合利润分享制度的薪酬支付体系。

1.2 灵活用工的全球趋势

从发达国家劳动力市场的发展历程看，劳动力市场发展、成熟度不断提高，会带来劳动力市场灵活性不断上升。从全球范围看，劳动力市场中的雇佣合约期限呈现出缩短的趋势，劳动力市场的灵活性显著增强，兼职、临时工、自我雇佣等灵活就业形式比例提高。20 世纪 90 年代以来，发达工业化国家不稳定雇佣关系增长快速；发展中国家经历了非正规就业平稳、快速上升的过程；中东欧、中亚的转型国家也经历了劳动力市场灵活性增强和非正规化的过程。

从第二次世界大战结束后直到整个 20 世纪 70 年代，主要发达国家的劳动者和企业享受到了一段繁荣的稳定时期，随着生产率的提高，工人的实际工资和个人收入不断上涨。雇佣稳定性的增加和收入水平的提高使得雇员（尤其是白领、管理层和专业人员）的忠诚度增强，雇佣期限更长。许多雇员工作在“内部劳动力市场”这个市场中具有一系列特征：长期受雇于一个雇主；沿着企业内部的职位阶梯晋升；所规定的工作与确定的职业生涯相联系；拥有基于价值、资历或者其他一些相关综合素质的个人薪酬。这个系统被称为“内部劳动力市场”，是因为一般来说，雇主和雇员都不会向外部市场开放或者申请职位，这些空缺都依赖于内部的受过专业训练、有才能的人晋升来填补。这些特征作为一个系统一起运作，因为只有集合在一起它们才有意义并且彼此促进。它们是企业总体人力资源战略相互融合的部分。

在这一阶段，企业对人力资源队伍的管理主要采用了刚性管理的方式。第一，企业每个员工都是一定组织的成员，有固定的工作岗位和规定的工作任务。各级组织相对稳定，其下属成员及其工作不得随意变动。第二，企业用严格的规章制度约束员工，即企业每个员工都要严格遵守企业各项规章制度，按照规定完成工作任务，违反规章制度或未能完成工作任务要受到处罚。第三，企业实行高度集权的命令和指挥，即企业管理的各项大权均集中在企业最高领导层，实行集中领导、统一指挥，下级对上级的命令、指挥必须服从。

但是，人力资源队伍长期固定不变，劳动者和企业形成长期的雇佣关系所带来的后果是难以根据市场需求及时地进行调整。20 世纪 90 年代初，随着市场竞争的日益激烈、信息技术的快速发展以及全球化的到来，作为科层体制的前提条件发生了根本性变化，外部环境由具有稳定性变为极具变化性和不可预测性。社会环境的不断变化，要求组织机构应该趋于灵活而富有弹性，以求信息畅通并行动敏捷，能够具有很强的对环境的适应能力。组织设计中再造、重构成为讨论的焦点。扁平化组织、多功能团队、流程再造、学习型组织、虚拟企业、战略联盟、网络组织等概念纷至沓来。在调整组织结构以适应外部竞争的同时，企业也开始采用灵活用工的方式来及时调整劳动力队伍的规模、工作安排和工作时间。在 20 世纪 90 年代已经采用了多种形式的雇佣：临时、兼职、工作分享、顾问、签约以及租赁等。很多雇员喜欢这种选择权，因为能够拥有更加柔性的时间，能够选择他们工作的地点、工作方式和最喜欢参与的项目。人力资源队伍的调整也变得更加灵活化、弹性化。这既有利于发挥下属人员的专长和创造精神，又有利于使企业领导把主要精力集中在高层战略决策问题上。

进入21世纪，灵活用工正在从企业微观的操作层面向战略层面转变。

从微观层面来讲，企业的灵活用工主要关注对企业、个人的柔性管理，以提高员工满意度为核心，实施各种灵活的管理措施来缓解刚性管理带来的压力。目前很多企业越来越注重采用各种措施来帮助企业员工获得工作的灵活性，实现工作生活平衡；也越来越注重提高企业柔性管理的程度，帮助企业增加应对内外部变化的灵活性。仅从操作层面思考灵活用工，对于企业应对激烈的竞争环境还是远远不够的。很多企业开始将灵活用工上升到企业人力资源战略层面，期望通过灵活用工达到提升适应环境能力、提高员工生产力、降低劳动成本、增加营业利润，从而为企业提供更多的竞争优势的目的。

从战略/宏观层面来讲，人力资源弹性是指在人力资源管理中，灵活调整人力结构、员工数量、工作内容、工作时间与员工薪酬等因素，以满足企业对不同层次、不同水平、不同模式的人力资源的需求。当企业在面临内、外环境变动所产生的压力时，实施灵活用工战略能使企业有效地作出适当反应。不同的企业在遇到不同的环境冲击时，也会发展出不同的灵活用工策略。

从灵活用工占总就业的份额来看，灵活用工模式在国外非常成熟，发达国家年均达到25%，尤其是波兰、西班牙、荷兰、意大利达到30%以上，其中，有10%～25%的劳动力是由人力资源服务公司派遣的短期灵活用工(见图1.3)。

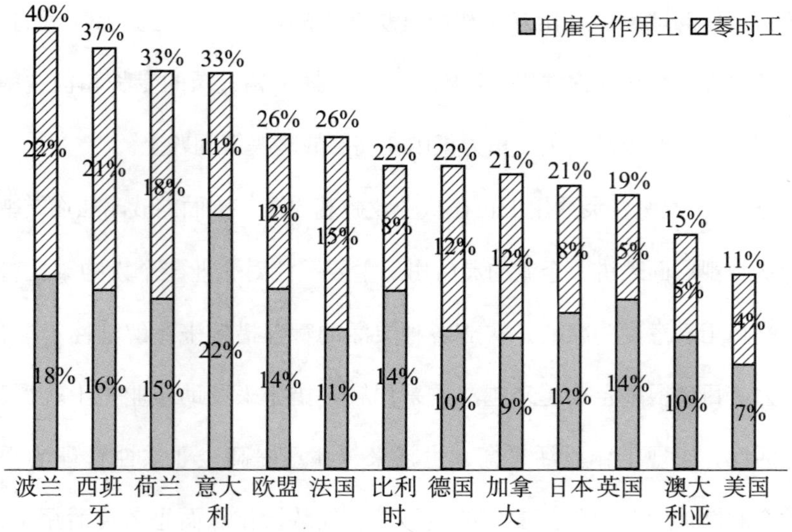

图 1.3　各国灵活用工占总就业的份额对比

最近五年间，随着人类社会整体上跨入移动互联网时代，市场交易成本急剧下降，在新技术、新业态、新模式的带动下，企业的外部竞争环境呈现出复杂、动荡、不确定、不可测的新特点。企业的人力资源管理面临着规模不经济、绩效不稳定、法律限制、就业习惯等诸多挑战。在移动互联网时代，企业希望能够实现与劳动者的快速、精准匹配：在需要用工的时候就能找到匹配的人；上岗以后不用培训就能产生绩效，而且绩效是持续的；当业务发生变化的时候还可以很容易地结束雇佣关系。

1.3　灵活用工——劳动分工精细化的实现

信息技术推动了灵活用工模式的发展。在人类社会发展的历史长河中，每次新技术的出现和利用都会在一定程度上改变原有的生活和工作方式。近年来，信息技术的不断发展和创新，使我们的生活消费方式和工作方式发生了前所未有的变化。传统的工作模式是以标准雇佣为基础所形成的，以工作岗位为单位进行运营管理，有相对固定的工作人员、工作时间、工作地点、工作内容以及福利待遇等。但是，新技术的发展使工作方式发生了很大变化，企业的用工模式变得灵活化和多样化，不仅出现了平台雇佣、短期雇佣、劳务派遣、劳务外包等多种灵活用工模式，而且，原有的公司核心业务所惯用的标准雇佣模式也在向灵活化和多样化发展。

灵活用工模式的本质是一个通过分解与整合来实现劳动分工精细化的过程，分解的过程反映在生产链、工作岗位和劳动者工作技能的进一步分解等几个方面。

第一，生产链的分解。在生产过程中按照不同的生产任务和生产技术可以将公司的生产活动分为核心业务和辅助性业务。通常公司将核心业务集中掌控，并通过标准雇佣模式安排相对稳定的核心员工来承担；而辅助性业务则从生产过程中被分离出去，委托或外包给其他公司或非核心员工来完成。随着新技术的发展，原来的核心业务也发生了进一步分解，部分核心业务（如人力资源管理、财务管理等）转化成了辅助性业务被外包或委托。生产链的进一步分解推动专业化外包服务以及灵活用工的进一步发展。

第二，工作岗位的分解。标准雇佣模式是以工作岗位为单位进行运营管理的，一个岗位可以包含多项工作内容，如人力资源管理岗位，可以包含从招聘、培训到绩效考核评价的多项工作。在灵活用工中，可以将岗位中所包含的某项工作内容单独分离，交由公司内外专业人员负责，即以工作岗位中所包含的工作内容为单位灵活进行运营管理，其结果是通过劳动分工的精细化进一步提高了生产效率。

第三，劳动者工作技能的分解。在标准雇佣模式中，劳动者往往被固定在一个工作岗位上，所使用的是与其工作岗位相关联的主要工作技能。但在现代社会中，劳动者往往具有多种工作技能和工作方式，如公司职员既可以利用业余时间通过网络平台兼职做“网约车”司机，也可以在网络平台上开设网店；医生在休息日也可以在不同医院从事多点执业等。信息技术的发展，使劳动者所具有的不同工作技能在合适的时间和环境中得以充分发挥，也为劳动分工的精细化提供了条件和基础。

整合的过程是实现生产效率提高的关键环节。生产链、工作岗位以及劳动者工作技能的分解，为劳动分工精细化提供了基础。分解之后必须进行匹配整合，整合就是把相同的工作内容与劳动者相同的工作技能进行匹配，即分解后的辅助性业务外包与专业化公司服务的有效匹配整合、工作内容与劳动者工作技能的匹配整合。这是实现生产效率提高的关键环节。科学有效的匹配整合将形成“专业的事情由专业的人来做”的生产模式，从而实现生产效率的提高。

灵活用工模式是劳动分工精细化的产物，具有优化资源配置和生产模式、提高生产效率的作用，供需双方的共同需求决定了其存在的必然性和客观性。因此，对于灵活用工不能予以简单的肯定和否定，需要采取规制和疏导的管理模式，探寻提高生产效率与保障劳动者权益的平衡点，从而实现有序、稳定、良好的生产过程。在不同的发展阶段，政府对灵活用工采取了不同的规制和疏导政策，其目的是平衡企业发展与劳动者权益保障的需求，使灵活用工能够作为一种重要的就业工作方式而健康和可持续发展。

目前，各国政府应对灵活用工的政策选择主要包括：（1）不作为，让灵活用工自由发展；（2）放松对正规部门的管制；（3）促进灵活用工向正规化发展。事实上，在 2002 年国际劳工大会通过的关于体面劳动和非正规经济的决议中，就向正规化发展方案已经在与会国家间达成广泛的一致意见。在该决议的框架内，各国对灵活用工采取的具体政策取决于本国的非正规就业的程度和类型。

广泛的做法体现在国际劳工组织提出的促进“过渡到正式”的战略中，特别是发展中国家面临的巨大挑战。在更广泛的政策整合的基础上，强调在以下七个政策领域需要采取行动：增长战略和创造优质就业机会；监管环境，包括执行国际劳工标准和核心权利；组织，代表和社会对话；平等(性别，艾滋病毒状况，种族，种姓，年龄，残疾)；创业，技能，财务，管理，市场准入；扩大社会保障（建设社会保障体系和社会保障制度)；以及地方（农村和城市）发展战略。

2. 灵活用工在国外的发展

发达国家较早地发展了灵活用工模式，并实施了对灵活就业者的权益保护。20 世纪 70 年代，全球失业问题增加。在市场驱动和政府支持下，大量灵活用工的形式开始出现，其劳动者权益的保障问题也日益突出。

2.1 灵活用工在美国

世界上灵活用工的出现都无外乎降低企业成本和满足劳动者需求两个原因，美国也是如此。从现实情况看，目前美国各行各业对灵活用工的应用都呈现上升趋势，且各州基本上都鼓励灵活用工和弹性工作制，以提高就业率和满足劳动者的需求。根据美国商务部经济和统计管理局数据，灵活用工的市场份额由 2010 年的 68%上升至 2014 年的 81%，且在每次经济萧条后灵活用工指数都持续走高。根据德勤咨询发布的《2016 全球人力资本趋势》报告，在美国超过 1/3 的员工是合同工，超过 51%的被调查样本认为他们在未来三到五年的时间内会不断增加外包员工的需求量，整个灵活用工行业的前景十分广阔。

2.1.1 美国灵活用工总体现状

美国灵活用工方式比较多样，其中一种是临时工雇佣方式。工作期限较短，认定标准为一般每周工作在 35 小时以下。一般签订短期就业合同。除临时工外，其他雇佣方式还包括派遣工人、待命工人（On-call Worker，被企业雇佣，但被需要时才从事某一工作，例如代课教师等）、承包企业的工人、独立合同（如自由职业者）、自营业者等。如果从工作时间和场所划分，可以归纳为非全日制工作、临时性工作、季节性工作、合同制工作、自雇合作和远程工作等几种类型。

而在美国，就业机会均等被放在重要位置。无论是何种雇佣方式，其发放工资的方式的区别仅存在于工作内容和岗位。也即，对管理职务、专业技术职务实行年薪制，而对于其他雇佣劳动者实行小时工资制，并且规定了最低工资，同时也共享最高工时规定。

在职业安全和健康方面，1970 年美国通过了《职业安全和健康法案》。这项法律涵盖了适用于各个行业的法律标准、规定和程序，同时又细化到具体的工作场所和执行细节。灵活用工方式也在此列规定。

在解雇方面，由于美国一直采用自由雇佣制度，除法律另有规定或合同另有约定之外，雇主和雇员可自由解除劳动合同。在该种情况下，美国需要解雇保护制度。其采取禁止招聘、解雇歧视的原则，如禁止在年龄、性别、工作岗位等方面的歧视。总体而言，美国劳动法制以解雇自由为原则，以解雇保护为例外。此外，如果某企业的员工超过 100 人，则企业倒闭或实施大规模裁员需提前 60 天通知。

2.1.2 美国人力资源服务外包发展模式及特征

人力资源服务外包用工方式是美国灵活用工的主要形式，出现早，规模大，比例高，且覆盖行业广泛，包括银行、建筑、化工等。而美国对人力资源服务外包用工方式的规制，也较为成熟和完善。

(1) 人力资源服务外包公司设立严格。

尽管各州的法律不尽一样，但是总体情况为审批严格。如十个州的法律要求人力资源服务外包公司在开业前必须在州政府处登记，佛罗里达州要求必须提交书面申请且获得许可。这主要因为人力资源服务外包公司作为一种经营人力资源管理的公司，其管理的劳动者集中且风险较大，必须控制市场准入的门槛。

(2) 实施共同雇主责任原则。

人力资源服务外包涉及三方：劳动者、外包公司和发包单位。外包公司为第一雇主，发包单位为第二雇主。发生劳动争议时，外包公司和发包单位容易模糊责任，互相推诿。故美国《公平劳动标准法》提出了共同雇主责任原则，规定发包单位和外包公司在劳动者享有的具体权利上存在共同责任，共同维护劳动者的权益，包括最低工资、职业安全、休假保险等。

《家庭和医疗假期法令》规定，第一雇主有责任批准该法令规定的假期，并通知有资格的雇员，保留他们的福利，休假结束后恢复劳动者的工作。第二雇主在继续使用同一机构临时雇员从事该工作时，有义务在劳动者结束休假后再次接受该雇员。《职业安全和健康法案》规定，工伤应由发包单位直接负责，外包公司责任较小。在平等就业方面，平等就业机会委员会禁止就业歧视，发包单位不得歧视外包员工。

2.1.3 以万宝盛华 (Manpower Group) 为代表的美国人力资源服务行业

与美国灵活用工发展趋势紧密相关的，就是美国人力资源服务行业的兴起和壮大。目前，美国已经成为全球人力资源服务的最大市场，2016 年美国人力资源服务行业总营收为 1 424 亿美元（见图 2.1、2.2)。其中代表

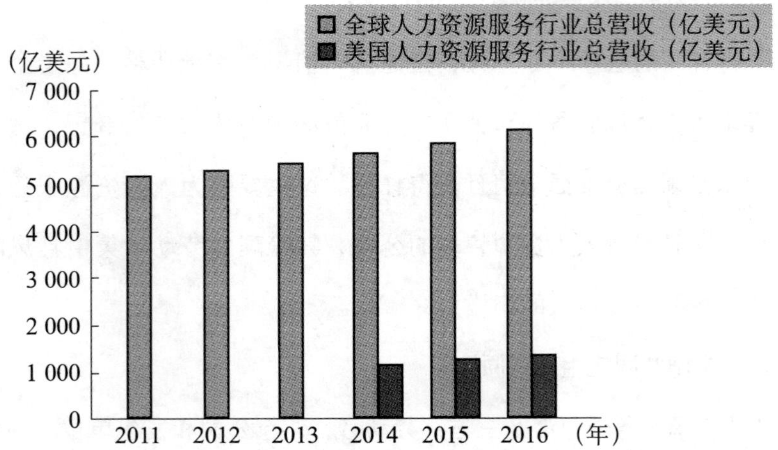

图 2.1　2011～2016 年全球或美国人力资源服务行业总营收

数据来源：IBIS World、Staffing Industry Analysts、国泰君安证券研究

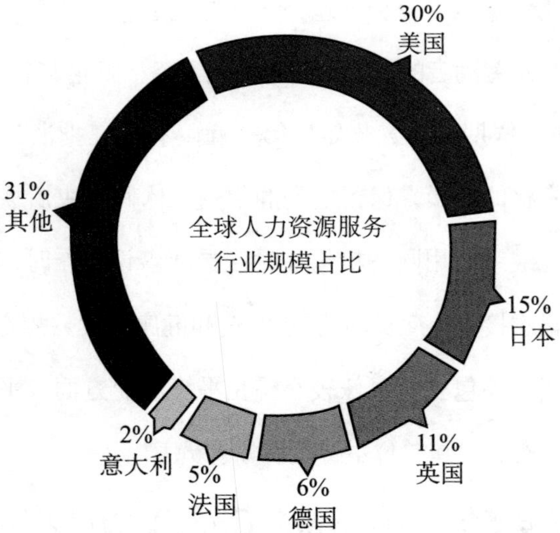

图 2.2　全球人力资源服务行业规模占比

数据来源：Adecco、国泰君安证券研究

企业为万宝盛华集团（Manpower Group）。万宝盛华集团是美国人力资源服务行业巨头，成立于 1948 年，2002 年成为全球 500 强公司，总收入为 104 亿美元，排名第 484 位。2016 年，万宝盛华集团的营业收入为 196.5 亿美

元。这是首家进入全球500强的人力资源服务公司。该公司为客户提供的业务范围包括：人才推荐服务、临时和合同派遣服务，员工测评和筛选、培训服务，转职推荐服务、外包和咨询服务等。目前，该公司已经成为全球人力资源服务产业的前三甲，在全球82个国家和地区拥有3 900家分支结构。

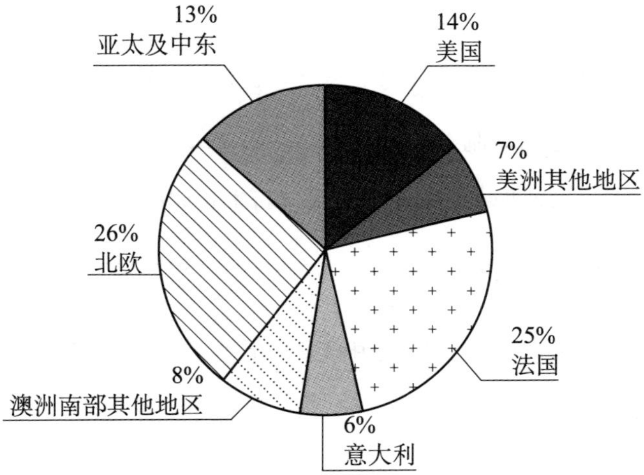

图 2.3　万宝盛华集团市场分布

数据来源：公司财报、国泰君安证券研究

万宝盛华现已成为全球人力资源的领导者，业务链条较为完善的同时能够满足客户的需求，其竞争优势显著：1）全方位人力资源服务商。万宝盛华提供的服务涵盖客户的整个雇佣周期，包括人才推荐、人才派遣、整体化的人力资源解决方案等。2）人力资源服务外包领域的先行者。万宝盛华在人力资源服务外包领域具有较大优势，例如它是首批获得中国派遣业务资格的外资人力资源服务机构之一。3）按技能分类人才，地域方位广。万宝盛华按照技能分类人才，确保为客户更快更准地找到最合适的候选者；地域覆盖范围广阔，能够为客户提供所需的个性化解决方案。4）统一的标准作业流程。万宝盛华业务操作高度流程化，确保了客户享用全球一致的优质服务。其中，最关键的是万宝盛华已经脱离以经营模式取胜的阶段，转向以人才为核心的技术研发，形成一条完整的技术链。其核心价值在于正确地评估客户需求，实现人才和企业相匹配。

2.2 灵活用工在日本

日本是灵活用工发展较早的国家之一，在其终身雇佣制的传统用工背景下，对灵活用工的规制有其特殊性。在研究当今日本劳动市场所面临的诸多问题之前，有必要重新考虑被称作“日本式雇佣制度”的根源。

2.2.1 日本式雇佣制度

日本式雇佣制度的本质是无明确职责的雇佣契约，其特点在于，对工作内容和职责这一概念的淡化。

当今社会，企业占据了雇佣方的大多数，其中有多种类的劳动内容。把劳动内容分门别类地与岗位职责对应，按岗位进行员工雇佣，让员工完成指定的劳动内容，是除日本社会以外的普遍做法。日本式雇佣制度下，被雇佣者有从事企业里所有劳动内容的可能，有义务从事和企业运营有关的所有事务，同时，企业有要求被雇佣者如此执行的权利。当然，实际上被雇佣者所从事的仅仅是个别固定的劳动内容，但是这并不是在雇佣契约中所明确规定的。被雇佣者在什么时候从事什么劳动内容，是由雇佣方的需要来决定的。这是日本式雇佣制度的本质。作为日本式雇佣制度特征的终身雇佣制度、年功薪酬制度及企业内工会，都是以这种无明确职责的雇佣契约为基础的。

日本式雇佣制度下，薪酬与工作内容、岗位职责是分离的，同时被使用最多的指标是连续工作的年数和年龄，这被称为年功薪酬制度。与此密切关联的被称为年功序列，是指主要考虑被雇佣者在企业中的位置，同时考虑连续工作年数的制度。以上针对正式员工的终身雇佣和年功薪酬，被认为是在日本经济高速增长期间确立的制度，这些制度也给经济的高速增长提供了有力的保障。在经济高速增长期，企业对经济增长的预期良好，以终身雇佣为前提，从长远的角度进行人才教育，培养他们对企业的归属感。为了企业效率的形成和积蓄，通过对青年期的雇佣者支付低于他们生产效率的薪酬、对中高年雇佣者支付高于他们生产效率的薪酬，来防止人才流失，同时，支付和他们职业生涯整体所匹配的薪酬的做法被认为是合理的。

但是，在经济增速放缓甚至进入低迷期时，薪酬制度的前提即当初对经济良性增长的预期不能实现时，重新审视这一制度的必要性就会显现。再加上由于世界经济一体化带来的国际竞争加剧，技术革新和产品开发速度的增加，企业将来的不确定性也随之增加。企业的经营决策由原来的长期决策变为短期决策，随之而来的不仅仅是企业内部的雇佣调整，有效利用灵活用工的方法也被日益重视。

2.2.2 日本灵活用工的历史

事实上，“正式员工”这一称呼在日本法律上是不存在的，然而其定义是比较明确的，“无规定的工作年限、工作地点和工种不定、无关于加班限制的雇佣者”这样的定义是被广泛认可的。如果期限、工作地点、工种、工作时间的其中一项有限制，就不是正式员工，被认为是灵活用工的外包员工。在当今日本社会，正式员工所占比例和泡沫经济破灭前基本一致，灵活用工的比例却保持持续增加的态势。灵活用工的增加、雇佣形态的多样化是现今日本所面临的雇佣情况。

追溯灵活用工的历史，从1950年代经济高速增长期开始出现的外出务工劳动者和临时工，1960年代后期开始增加以已婚女性为主的临时工，到1980年代后出现派遣劳动者、契约劳动者等，灵活用工的形式和人数逐渐增多。灵活用工的变化迎合了日本经济变动中企业中长期构造的变化，为经济增长提供了宝贵的人才资源。

1980年代后期：标准雇佣和临时工（part time）雇佣同时增加。1986年《男女雇佣均等法》《劳动者派遣法》实施。1985到1990年，标准雇佣员工增加145万人，外包员工增加226万人，而外包员工的增加中男性仅占50万人，女性占176万人。

1990年代后期：标准雇佣转向减少，灵活用工模式中临时工的占比大幅度增加。1997年金融机构相继倒闭，同年5月的经济景气程度最高后，经济后退局面持续到1999年。1995—2000年间，35岁至44岁的标准雇佣减少成为现实；同时，灵活用工在男女的全部年龄段都有增加，男性增加82万人，女性增加189万人，几乎所有的灵活用工的增加都是临时工。

2000年代前期：标准雇佣大量减少，小时工以外的灵活用工大幅增加。从2000年到2005年，标准雇佣减少256万人，灵活用工增加360万人。标准雇佣中男性的减少显著，灵活用工中男女都有增加。这一时期的特点是，除小时工以外的灵活用工增加。另外，从2004年3月起，随着制造业派遣员工的解禁，从2000年至2005年劳务派遣员工增加了73万人。

2000年代后期：标准雇佣减速放缓，灵活用工继续增加。2005年到2010年，标准雇佣减速放缓，仅减少19万人，灵活用工增加123万人。少子化的影响持续，15岁至24岁的标准雇佣和灵活用工同时减少。同时，由于次贷危机引起的经济收缩，2009年包含劳务派遣员工的灵活用工比上年下降。

2015 年灵活用工者达到占雇佣者三分之一以上的 2 000 万人，其中女性灵活用工者过半，达到 1 350 万人。就业、雇佣形态进入多样化状态的说法已经很久，可那并不是单纯的“多样化”。非正规劳动者的增多、样态的多样化、就业面的扩大，已不是最初的以补助家庭开支、辅助正式劳动者为目的。从业内容难度的增大、所需能力的提高以及从业时间和从业年限的延长，甚至职场地位重要性的提升，　　在质和量方面都可以说灵活用工的“骨干化”趋势在进行之中。

日本的《劳动者派遣法》* 在 1985 年制定，1986 年施行。法律制定初期所规定的可以以劳务派遣员工身份工作的工种只有 13 种，劳务派遣员工只在很狭小的范围内存在。1999 年法律修改后，除特定工种以外的劳务派遣均得到认可，大大推进了劳务派遣就业的扩大化。法律修改后，对于一般性行政性工作也开始积极采用劳务派遣的企业增多了。结果是，派遣员工在多种多样的职场中从事多种多样的工作，从业人数也相应有所增加。根据统计数据来看，以劳务派遣身份工作的人中三分之二以上是女性，而且 40 岁未满者的比率达到 70%以上，有过半是未婚女性。劳务派遣员工所从事的工作中，事务、行政类岗位最多，为 46%。第二为占 20%的服务型岗位，专门技术岗位只占 14%，且工作的内容具有多样性。劳务派遣员工的通勤时间平均为 44 分钟，为主妇小时工的 2 倍，劳动时间平均为每周 39 小时，接近全职工作的正式员工。

2.2.3　日本劳动环境的变化及灵活用工面临的课题

在应对经济全球化及环境变化过程中，日本企业的标准雇佣从进入

---

* 日本的劳务派遣与中国的劳务派遣在定义上有很大不同，更加类似于中国的人力资源服务外包。

2000 年后几乎维持不变，但灵活用工增加的势头仍在持续。雇佣形态的多样化既可以满足劳动力需求方削减成本的需求，应对企业的繁忙期和闲暇期，提高人才利用的专业性，应对经济形式的变动，也可以应对劳动供给方就业需求和意识的变化，例如对工作和家庭都有照顾意愿的就业被促进，应对高龄者就业需求的变化，等等。在企业对非正式雇佣有效利用的进程中，灵活就业者正向职场的主力位置靠拢，成为新的战斗力。今后提高灵活用工比例的企业要远远多于将要提高标准雇佣比例的企业。

在多样的劳动方式被寄予高度关注的当代日本社会，消除标准雇佣与灵活用工的两极化对立，塑造无关就业形态，在回应劳动者的工作诉求以及企业追求生产效率两者之间找到平衡，需要政府和企业的共同努力。

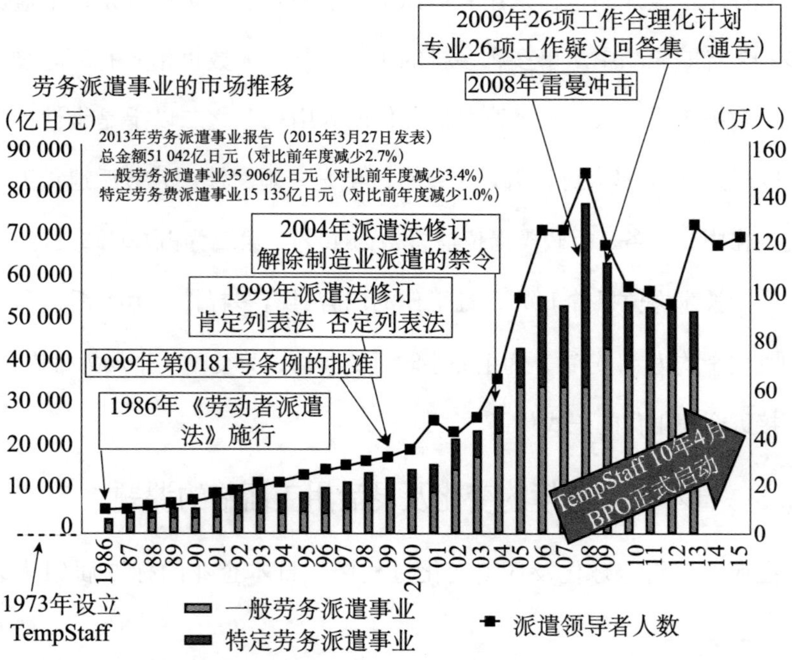

图 2.4 日本灵活用工政策规制及发展趋势

2.2.4 日本瑞可利集团的启示

（1）公司概要。

日本瑞可利集团（Recruit Holdings Co.，Ltd.）是一家集团公司，创建于1960年，总部位于日本东京都中央区银座。目前总部员工512名，集团员工总数为45 688人（截至2017年3月底），集团企业数量357家（分公司），注册资金100亿日元，集团年总营业额约18 400亿日元，集团年总收益约1 320亿日元。三百多家企业中，除日本之外，主要分布在亚洲、欧洲和北美地区。总公司的主要业务内容是制定集团的经营方针以及经营管理制度。集团的经营理念为：创造新的价值、回馈社会、尊重每一个个体。

（2）公司发展进程。

瑞可利集团自1960年创立以来，从面向大学生提供就业信息开始，逐步扩展到人力资源领域。企业需要人才、学生需要工作，将两者的需求融为一体，提供必要的信息，并通过信息的自由化，使他们可以根据自己的意愿来选择所需要的信息。该集团长期在网络销售业务、人才网业务和人才派遣业务这三个领域中进行业务的开拓和进展。2010年开始，集团充分发挥在日本积累的经验，加速了业务的国际化进程。

1963年，瑞可利集团的前身Recruit Center有限公司正式成立，主要业务为就业指导。1971年开始，为了实现信息开放、从业自由，瑞可利集团的主要业务内容逐渐由企业主导信息向消费者主导信息转换，实现了价值观的改变；业务内容拓展到房屋中介、人才中介领域。1982年开始，拓展业务范围，为不同需求的人员提供最新的信息和机会，包括女性就业、海外旅行等，让更多的人能够获得轻松愉快的出国机会。同时，开始了人才派遣业务。1990年开始，顺应消费者的价值基准多样化要求，率先介入信息网络时代，实现了信息的及时传递和有效利用。2000 年开始了业务的细分化，开展包括医疗、住宅、就业指导、投资管理等多方面的服务，开辟专柜，悉心听取每个人的不同需求，并于 2009 年成立了关于良好劳动环境方面的研究所。2010 年开始，为了适应社会的急速变迁，公司进行了大规模改组，以应对国际化进程、数码时代以及沟通方式的巨大变革。

(3) 公司的人才派遣和外包业务。

派遣和外包是瑞可利集团的主要业务，其中有多家分公司从事不同领域、不同行业的相关业务。主要服务项目如下。

★ 提供正式员工以及临时工、合同工的派遣业务；

★ 提供行政人员、技术员、IT 专业人员、护理人员、陪护人员、医疗人员等派遣，定向派遣和职业介绍；

★ 提供制造业人员派遣、定向派遣，业务外包；

★ 提供专业人才派遣业务；

★ 面向在日外企、跨国企业提供经营管理者、经营管理干部、高级管理人员的猎头服务；

★ 开展招聘信息检索服务的运营以及面向人力资源服务行业的咨询业务；

★ 研究、开发与技术相关的业务外包；

★ 专门针对经营者、经营管理干部、高级管理人员的人才推荐；

★ 通过“人力资源政策支援服务”“再就业支援服务”，激发从业人员和企业的希望，促使他们鼓起从头再来勇气；

★ 开展 IT 行业（开发、运用）的特定派遣业务以及外包业务；

★ 人力资源领域的辅助、咨询、培训业务；

★ 医生、护士、药剂师的人才推荐，医生招聘广告业务。

除此之外，还有亚洲、欧洲和北美各国的分公司，针对所在国家的定向人才招聘、培训、派遣服务。

2.3 灵活用工在欧洲

2.3.1 丹麦的灵活用工模式

丹麦的灵活用工模式一直受到各国肯定，被称为“黄金三角”模式。“黄金三角”模式是指丹麦政府采取了灵活的劳动力市场、慷慨的福利计划和积极的劳动力市场政策来解决灵活用工的灵活性和安全性问题，从法律上认可灵活就业人员的社会地位。

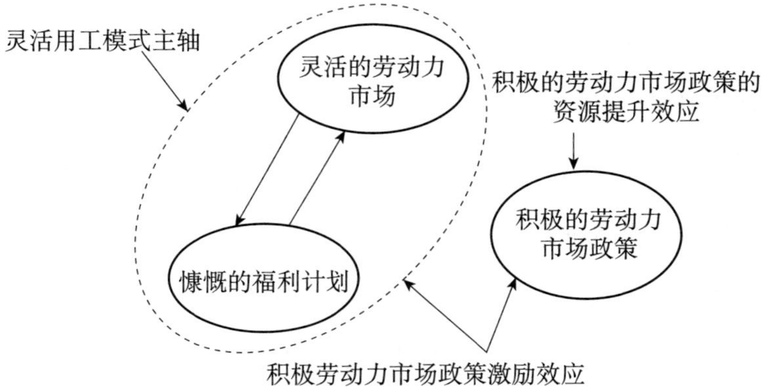

图 2.5　丹麦灵活用工模式

(1) 灵活的劳动力市场。

丹麦政府在劳动力市场的灵活性上一直位于发达国家的前列。丹麦这个国家人口、经济规模较小，中小企业偏多，这就要求劳动力市场需要具备相当的灵活性才能与其经济发展模式相适应。其灵活性主要表现在雇佣和解雇的灵活性。丹麦企业在雇佣和解雇劳动者时，期限较短，非常灵活。

该国并没有专门的就业保护立法，所以企业在面对并不合适的雇员时，可以随时进行解雇而不受到法律干预。这也使丹麦的劳动力市场流动性较高，工作更替速度较快。

(2) 慷慨的福利计划。

尽管丹麦没有针对就业保护的立法，但由于政府制订了慷慨的福利计划，失业救济制度非常完善，所以劳动者在被解雇后也并不存在后顾之忧。失业者能够受到失业救济和社会的双重保护，其生活压力得到减轻。享受失业救济的时间可覆盖到 4 年，从失业的第一天起就可以领取失业救济，救济金在失业前两天由雇主发放，之后的来自于失业保险金，其中政府资助大部分。而且失业救济金的数额也非常高，最高能够占到失业前工资的 90%。同时，由于劳动力市场具有很高的流动性，失业者也能在有生活保障的情况下较快地找到下一份工作。

(3) 积极的劳动力市场政策。

为避免失业者因高福利而产生懒惰行为，在完善的失业救济制度背后，要求失业者在获得失业救济金的同时，必须接受培训、职业教育、企业实习和轮岗等。短期失业者参与为期 12 个月的培训，而对于长期失业者政府将其分配给地方政府进行管理，各地方政府依据当地的劳动力市场发展来制定当地的就业政策。

丹麦的“黄金三角”模式在欧盟就业严峻的情况下，取得了巨大的成功，既保持了劳动力市场的灵活性，又在一定程度上保障了劳动者的就业安全性，激发了劳动者的就业主动性，成为发达国家的典型模式。

2.3.2 荷兰的灵活用工模式

荷兰在保障劳动力市场的灵活性上也有一些突出特点，主要原则是保障灵活用工的劳动者在劳动力市场上不受歧视、享受平等公平的待遇，其中包括了接受就业培训的权利、法律赋予的休息休假权、工资保障权、养老保险和医疗保险的权利等。

2014 年 6 月，荷兰议会一院审议通过《就业与社会保障法案》修正案，相关内容陆续于 2015 年 1 月 1 日、7 月 1 日及 2016 年 1 月 1 日生效，其主要精神为增强劳动力市场的灵活性。首先，从工资和休假来讲，根据《最低工资和最低休假奖金法》，规定“所有年龄在 23 岁至 65 岁的雇员，都有权得到最低工资。所有雇员都有权得到年工资总额 8%的最低休假奖金”。《平等待遇一般法》《工时平等待遇法》《有关临时合同和永久合同的平等待遇法》等法律，保障了部分劳动时间的劳动者的权益。其次，法律制度安排较为灵活，对部分时间劳动、固定期限劳动、临时劳动都规定了不同类型的劳动合同并有对应的法律进行保障。最后，荷兰政府规制中的亮点之一即为完善的社会保障体系，采用弹性的社会保障，将社会保障与灵活性的市场需求相结合，与此同时，强化对弱势群体的社会保障。

3. 中国灵活用工的现实与未来方向

3.1　中国当前的两大结构性变化

（1）经济结构性变化。

中国经济进入新常态，即从 GDP 高速增长向中速增长转变，增速 7%以下会是一个比较长期的状态（见图 3.1）。所谓改革开放以来的低成本优势和高资源消耗的时代已经过去了。中国的经济发展从低成本策略向专业化服务价值转变。企业在这种新的经济形态下要求生存求发展，必须通过提高生产效率和专业服务价值来获取利润。

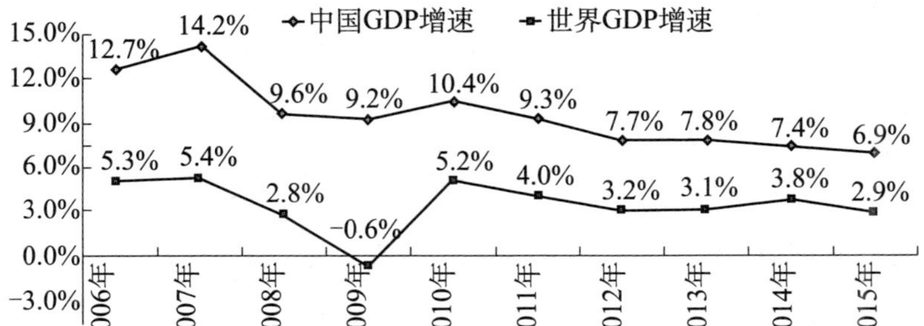

图 3.1　中国 GDP 增长趋势

（2）劳动力结构性变化。

2010 年前后五年的时间里，中国的劳动力结构发生了巨大的变化。16～34 周岁的活跃劳动力群体占比从 70%降低至 43%，年轻的劳动力群体绝对数量在减少（见图 3.2），中国人口红利逐步衰减。劳动力的供需关系发生了变化，导致企业的用工成本不断增加，中低端劳动力供需关系矛盾凸显。

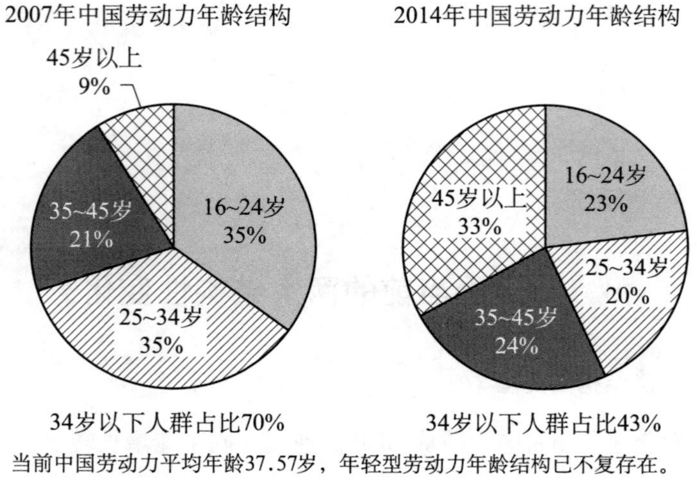

图 3.2　2007 年与 2014 年劳动力结构性变化

在过去三十年左右的时间里，我国的劳动力市场经历了从诞生、发育到逐步深化的过程。与此相适应，雇佣关系也呈现出从单一走向多元、从僵化走向灵活、从高稳定走向高流动的特点。中国劳动力市场正在经历着前所未有的结构性变革，由社会、人口以及技术等力量所促成的结构性变革意味着在未来十年高技能人才很可能继续处于供不应求的局面。随着薪酬水平的上涨以及劳动力数量的降低，为了满足全球经济可持续发展对劳动力的需求，劳动力市场灵活性水平的提升势在必行。研究发现，我国劳动力市场非正规就业的比重逐年增加，尤其在新兴部门非正规就业比重高达 85%。

3.1.1　新时代经济发展方式的转变与就业矛盾

新时代下结构性就业矛盾更加突出，解决方式更加复杂。我们在追求经济发展的同时，更加追求民生，追求以更高就业质量为核心的发展方向。劳动就业是支撑国家经济发展不可或缺的重要生产要素，在我国经济发展方式转变过程中，劳动力素质的转变与提高，是影响经济转型的关键因素和重要基础。

一方面，当前就业总量问题不容忽视。人口对经济发展所带来的红利逐渐减少，就业增长动力由增量主导向存量开发调整，更加依靠对现有人力资源的开发，通过提高劳动参与率和劳动生产率，来增加劳动要素的供给，提升劳动要素对经济发展的贡献比例。

另一方面，结构问题是当前和今后主要的问题，突出表现为招工难和就业难并存。当前和未来一段时期是我国经济结构调整、产业转型升级的重要时期，随着转方式、调结构的推进和劳动力供给状况的变化，就业结构性矛盾将更加突出，解决方式将更加复杂。

3.1.2 就业结构性矛盾与灵活用工

我国经济由高速增长转向高质量发展阶段中，由于产业结构升级、区域经济格局调整、劳动力总量供求关系变化、劳动者的教育培训体制改革滞后等因素叠加，现阶段结构性就业问题越来越突出，已经成为我国劳动就业领域的主要矛盾之一。

在劳动力就业市场中，从技能工人到普通劳动者，从大学毕业生到农民工，虽然不同地区各有差异，但都存在就业结构与产业结构未能合理匹配、招工难与就业难并存的现象，结构性失业较为突出。由于“机器换人”“智能制造”等方式的发展，或者低端产业转移外迁其他地区，导致制造业中低端就业岗位大量消失和就业岗位转移流失，引发职工再就业难的问题；高技能人才短缺现象也比较严重，不能满足产业升级的需求等。

我国经济发展方式的转变、劳动力供给总量以及结构的变化、新技术和新产业的快速兴起，都给传统的消费模式、生产过程以及雇佣模式带来了冲击和挑战，也为灵活用工的发展提供了社会经济基础。

3.2　中国灵活用工的现状

3.2.1　市场环境带来的灵活用工机遇

(1) 国家政策层面。

2014年第九届“夏季达沃斯论坛”上，李克强总理提出要推动“大众创业、万众创新”，这是结构性改革的重要内容。之后，国务院、各部委及地方相继出台了一系列鼓励创业创新的文件，从税收、就业保障等各方面推动“双创”深层次发展。越来越多的人投身到创业创新之中，催生了新供给、释放了新需求，成为稳增长的重要力量；同时，“双创”还是扩大就业的有力支撑，经济增速放缓而就业不减反增，就主要得益于新的市场主体的快速增长。创业企业的蓬勃发展和万众创新的社会环境给人力资源服务外包服务带来了新的机遇：一方面，创业创新企业产生的不少新兴岗位是传统市场中鲜见的，既往传统人力资源管理所拥有的经验数据和信息都是失效的，需要人力资源管理方式和职能的大胆创新与资源协作；另一方面，创业创新企业的用人方式也呈现出了明显的灵活性需求，尤其是在一些互联网企业中，企业和劳动者都更多关注合作价值的提升。

2014年，人力资源和社会保障部、国家发展和改革委员会、财政部共同制定了《关于加快发展人力资源服务业的意见》(人社部发〔2014〕104号)，明确了人力资源服务业具有高技术含量、高人力资本、高成长性和辐射带动作用强等特点，关系各类劳动者就业创业和职业发展，关系企事业单位的人力资源管理和创新能力提升，是国家确定的生产性服务业重点领域。意见中明确要求推进人力资源服务领域的管理创新、服务创新和产品创新；加强人力资源服务理论、商业模式、关键技术等方面的研发和应用，丰富服务渠道和服务模式；加强人力资源服务业信息化建设，鼓励运用云计算和大数据等技术，推动人力资源服务业务应用和移动互联网的进一步结合。预计到2020年，中国人力资源服务外包产业规模将超过2万亿元。

（2）企业经营层面。

由于《劳务派遣暂行规定》颁布及两年过渡期到期，国家放开二孩、延迟退休、“营改增”等政策的颁布、执行，企业合规用工成本增加，传统的雇佣关系已经不能满足企业提高经营效率、提升企业核心竞争力的同时降低用人成本的需求。灵活用工已经成为企业良性经营和持续发展的迫切需求。分享经济时代，由于外部竞争的多样性和快速变化，劳动雇佣与任务合作和业务外包等多种形态同时存在，企业自身的管理已经很难适应这种多变量的竞争与管理需求，与专业的人力资源服务外包公司合作已经成为一个非常必要的选择。

（3）个人发展层面。

“90后”甚至“95后”员工成为劳动力市场的生力军，这一代就业者更加追求自我成长、关注自我空间，注重个人价值的实现；在就业行为上，也出现了“慢就业”、不稳定就业等特点，甚至不乏在校园就开始创业并获得成功的案例。新生代劳动者不同以往的就业观念和就业行为使传统的用工模式无法有效满足劳动者的诉求，而更加灵活自由的用工模式能给新一代的就业者提供灵活多样的选择和发展空间，代表了市场发展的趋势。

3.2.2 当下中国企业对灵活用工的选择

由于全球劳动力市场在互联网浪潮的冲击下逐渐转型，人们对工作的选择变得更加积极主动和灵活，也使灵活用工模式快速发展。目前我国灵活用工的形式主要包括劳务合作、服务外包、自雇合作、使用兼职、劳务派遣、短期合同等方式，以及其他招用短期或临时性人员的用工方式。

为了实现减人增效、降低人工成本、提高人力资源配置效率目的，中国企业从以下不同的角度出发采用各种灵活用工形式。

第一，为了适应企业因生产经营的变化导致的对人力需求的变化，企业采取多种灵活用工形式以实现企业经营管理目标：(1) 企业采用短期性用工，与员工签订的劳动合同期限不超过一年。该形式主要适用于技术含量低且劳动替代性强的岗位。这种合同期限短，企业可以缩短对员工的管理、考核周期，并根据员工的综合表现，作出终止劳动合同或是否续签的决定。(2) 采用间歇性用工。企业往往由于生产经营任务不够饱满，工作量达不到劳动定额标准规定，实际在岗员工数量相对富余。这种情况下可要求部分员工中止履行劳动关系，暂时退出岗位，同时相应调整工资待遇，待日后视生产经营需要重新返回岗位。(3) 采取服务外包。具有阶段性工作特点的企业对于有时间要求的一定项目或工作任务，采用服务外包的方式，与专业外包公司合作，与员工签订劳动合同期限的起止日期。(4) 采用季节性用工。企业根据生产经营任务季节性明显的特点，来确定使用劳动力的数量和和确定劳动合同的期限。

第二，为了降低管理成本，减少人工成本，软化劳动关系，并进一步提高企业对市场的快速反应能力，通过灵活用工对劳动合同主体和企业进行分离：(1) 采用劳务输入（也称劳务派遣）。企业与社会中介机构或人才服务中心签订服务协议，由中介机构派遣符合企业需要的人员，这些人员系与中介机构或系统外部单位建立劳动关系。企业利用这种用工形式，很大程度上可避免因同工同酬、社会保险等问题带来的劳动争议。(2) 采取劳务输出。利用大企业的系统内部人力资源市场作为中介，与其他单位签订委托协议，从其他单位输出部分员工到本单位。这样，既节省了外部人员招聘费用，又提高了系统效益。(3) 采用人才租赁。系统内部人力资源市场扮演了中介的角色，本单位与其他单位签订人才租赁协议，对特殊人才、急需人才或高层次人才进行租赁或借用。

第三，为了使企业更加专注核心业务，将企业与日常人事管理进行了剥离：采用人事代理。企业与社会人才市场中介机构签订人事代理协议，委托后者为员工办理档案保管、发放工资、缴纳社保、评定职称、进行素质测评等事项。

国际上，灵活用工已经是一种非常成熟的雇佣模式。根据民间职介机构国际同盟（CIETT）2015 年的报告显示，截止到 2014 年，全球共有 26 万余家灵活用工服务机构，灵活用工的人数达到 6 090 万人。目前，美国是全球最大的灵活用工市场；其次是日本，日本本土几家公司的灵活用工规模非常大；排在第三的是英国。而在中国，企业对灵活用工的接受度也愈来愈高。据 HRoot 的研究和预测，2015 至 2019 年间，中国劳动力市场灵活用工方式将会迎来爆炸性增长，其复合年增长率会达到 22%。

3.3 中国政府对灵活用工的疏导与规制

从雇主角度来说，灵活用工代表了一种相对传统劳动关系而言综合服务成本更低、用工方式更灵活、使用起来更方便的一种用工方式。而对于雇员而言，灵活用工的劳动者也是灵活就业者，灵活用工的工作模式代表了工作时间、工作地点、工作方式等更具有弹性和灵活性，个人自主性较强，但无疑也可能带来安全性的缺乏。所以对于灵活用工来说，政府应该在一定程度上进行疏导与规制。从灵活用工的角度，政府对其规制主要为两方面内容：一是对该类灵活就业者的聘用制度的规范，二是对该类灵活用工的雇主责任的规制。

灵活就业作为一种多元化的就业形势，一直存在灵活性与安全性相矛盾的特点。一方面能够促进就业，另一方面又相对缺少相关劳动保障的规制。在改革开放后，我国对充分就业这一经济目标非常重视，因此在最初对灵活就业在促进就业率提升方面的作用较为重视，后期对其劳动保护也作出了详细的规定。但是在分享经济等新型的经济形态下，灵活就业也面临一定挑战。

表 3.1　中国灵活就业相关法律法规政策内容一览表

名称	时间	表述内容
《关于建国以来党的若干历史问题的决议》	1981 年	“国营经济和集体经济是我国基本的经济形式，一定范围的劳动者个体经济是公有制经济的必要补充。”
《城乡个体工商户管理暂行条例》	1987 年	成为发展和管理个体私营经济的基本政策和法规依据
《中共中央国务院关于进一步做好下岗失业人员再就业工作的通知》	2002 年	鼓励下岗失业人员通过非全日制、临时性、季节性、弹性工作等灵活多样形式实现就业。通过发展劳务派遣、就业基地等形式，为他们灵活就业提供服务和帮助
《中共中央关于完善社会主义市场经济体制若干问题的决定》	2003 年	“……在就业方式上，注重采用灵活多样的形式。”
《劳动和社会保障部关于非全日制用工若干问题的意见》	2003 年	将非全日制工作区别于传统的全日制用工进行规范
《劳动和社会保障部办公厅关于城镇灵活就业人员参加基本医疗保险的指导意见》	2003 年	积极将灵活就业人员纳入基本医疗保险制度范围

续表

名称	时间	表述内容
《关于进一步加强就业再就业工作的通知》	2005 年	为了解决重组改制关闭破产企业职工安置问题和经济体制转轨所产生的下岗失业人员再就业问题，持续出台政策文件，促进就业与再就业
《中华人民共和国就业促进法》	2007 年	第二十三条　各级人民政府采取措施，逐步完善和实施与非全日制用工等灵活就业相适应的劳动和社会保险政策，为灵活就业人员提供帮助和服务
《中华人民共和国劳动争议调解仲裁法》	2007 年	第二十二条　发生劳动争议的劳动者和用人单位为劳动争议仲裁案件的双方当事人。 劳务派遣单位或者用工单位与劳动者发生劳动争议的，劳务派遣单位和用工单位为共同当事人
《中华人民共和国劳动合同法》	2008 年，2012 年修订	对劳务派遣作出了较为严格的修订
《中华人民共和国劳动合同法实施条例》	2008 年	第四章“劳务派遣特别规定”
《中华人民共和国社会保险法》	2011 年	对灵活就业人员参与基本医疗保险、养老保险等作出了规定
《劳务派遣行政许可实施办法》	2013 年	劳务派遣行政许可的申请受理、审查批准以及相关的监督检查
《劳务派遣暂行规定》	2014 年	对劳务派遣作出了较严格的规范，明确了企业劳务派遣的用工比例

第一阶段（1978—2008）：改革开放后以促进就业为导向的政府规制

我国自改革开放后进入了市场经济体系，劳动力市场也开始逐渐市场化。1981 年，中共十一届六中全会《关于建国以来党的若干历史问题的决议》提出：“国营经济和集体经济是我国基本的经济形式，一定范围的劳动者个体经济是公有制经济的必要补充。”这是改革开放后最早关于灵活就业的表述。1980 年，我国召开了全国劳动就业工作会议，提出了“三结合”方针，即在国家统一指导下实行劳动部门介绍就业、自愿组织起来就业和自谋职业相结合的方针。而自谋职业方针也在一定程度上鼓励劳动者在法律规定的范围内从事个体经营。此时还处在鼓励劳动者进行自雇阶段。

1992年的中共十四大提出了“……以公有制……为主体，个体经济、私营经济、外资经济为补充，多种经济成分长期共同发展”的方针，从而肯定了非公有制经济的存在，也为后期灵活模式模式的兴起提供了可能。2003年《中共中央关于完善社会主义市场经济体制若干问题的决定》中是这样表述的：“在就业方式上，注重采用灵活多样的形式。”这是首次对就业灵活性作出了具体的表述。

2003年，《劳动和社会保障部关于非全日制用工若干问题的意见》和《劳动和社会保障部办公厅关于城镇灵活就业人员参加基本医疗保险的指导意见》两个文件，是对灵活就业的劳动关系进行的首次规范。其背景在于下岗再就业人员的增加导致灵活用工人员增加，急需该类文件进行权益保障。《劳动和社会保障部关于非全日制用工若干问题的意见》的内容主要是规范非全日制用工，增加了其灵活性，如规定从事非全日制工作的劳动者，可以与一个或一个以上用人单位建立劳动关系；在权益保障上，将最低工资标准和社会保险的原则纳入规制范围。2005年，国务院发布的《关于进一步加强就业再就业工作的通知》中也有对灵活用工的规制内容。

上海作为中国发展市场经济的先锋阵地，最早承认并推动灵活用工的发展。上海市政府在（20世纪）90年代就提出了“国家宏观调控、个人自主择业、市场调节供求、社会提供服务”的就业方针。1996年10月上海市再就业领导小组办公室专门制定了《关于鼓励下岗人员从事非正规就业的若干试行意见》，鼓励人们通过非正规劳动组织就业的形式实现再就业。

第二阶段（2008—2014）：以《劳动合同法》为代表的规范市场导向的政府规制

2008 年，《劳动合同法》制定并施行，标志着政府对劳动市场的规制进入新阶段。该法的主要精神是加大对劳动者的权益保障力度，对企业加重了其违法成本：未签劳动合同的，用人单位须按月付双薪；关于试用期的新规定增加了劳动成本；将无固定期限合同的适用范围扩大；严格界定企业出资培训，并限制违约金适用范围；竞业禁止权责明晰；制定劳动规章制度不再是用人单位单方说了算；解除劳动合同的经济补偿范围扩大；违法赔偿成本增大。《劳动合同法》的实施在一定程度上规范了灵活用工市场的违法行为，保障了劳动者的权益。在这一阶段，随着经济发展，劳务派遣这一雇佣方式的规模逐步扩大。

我国劳务派遣开始于 1979 年，当时为了服务外企，成立了北京外企服务公司，采取劳务派遣形式。后来，陆续出现一些中介机构，市场较小，规范性差。到（20 世纪）90 年代后期，劳务派遣很大程度上为下岗职工再就业提供了工作岗位，缓解了就业压力。2008 年《劳动合同法》实施以来，劳务派遣用工规模迅速扩大。人力资源和社会保障部估算：2009 年我国劳务派遣工总量为 2 700 万人。而在《劳动合同法》实施前，这一数字为 2 000万人。2011 年，中华全国总工会给出的数据为 3 700 万人。国有企业、事业单位、私人企业等大量采用这种灵活的用工方式，而当时的劳务派遣工主要是进城务工的农民工、城镇失业人员、学历较低人员等；分布产业比较广泛，尤其大量分布在电信行业中。

我国劳务派遣发展迅速的原因在于：一是《劳动合同法》对正式用工强调劳动合同的固定性。且我国《劳动合同法》规定：劳务派遣一般在临时性、辅助性或替代性的工作岗位上实施。但社会上对劳务派遣的“临时性、辅助性或替代性”的理解存在较大差异，客观上助推了劳务派遣行业的发展。而当时劳务派遣设定门槛低，无须人力资源和社会保障部门事前审批和事后备案，而企业为降低人工成本，扩大了使用劳务派遣工的范围。二是社会上大量存在灵活用工的需求，劳务派遣用工方式能够予以满足。如国有企业、事业单位等在用工编制和工资总额上有严格要求，因而劳务派遣成为补足劳动力的主要出路。同时，部分企业还存在大量临时性、季节性用工需要。

但是，随着规模扩大，劳务派遣行业也出现一些问题，如劳务派遣市场不规范，用人权与用工权分离；劳务派遣公司承担风险能力差，用工单位和劳务派遣公司都不愿承担劳动者的职业培训责任；劳务派遣员工的薪酬福利水平低、与正式员工同工不同酬，劳动权益缺少保障，维权困难。

第三阶段（2014 年至今）：新经济形态下灵活用工的政府规制面临挑战

2014 年 3 月 1 日，《劳务派遣暂行规定》开始实施，目的是解决劳务派遣工同工不同酬、同岗不同权、社保福利待遇低、没有职业培训、职业发展受限等问题，打击违反“三性”（临时性、辅助性、替代性）规定而滥用劳务派遣制度等违法行为。该规定明确，用工单位应向被派遣劳动者提供与工作岗位相关的福利待遇，不得歧视被派遣劳动者。包括 2008 年的《劳动合同法》在内，我国现阶段的法律法规对劳务派遣用工提出了以下四个方面的新要求：一是规定了劳务派遣用工的比例：用工单位可以使用的被派遣劳动者数量不得超过其用工总量的 10%。2016 年 3 月，超过这一比例的，应该全部转换完成。二是规范了劳务派遣用工的“三性”岗位：用工单位只能在“三性”（临时性、辅助性和替代性）岗位上使用被派遣劳动者，并增强了关于辅助性岗位规定的操作性（应当与工会或者职工代表平等协商确定），防止用工单位滥用劳务派遣工。三是明确了劳务派遣人员的权益保障。《劳务派遣暂行规定》在《劳动合同法》所规定“同工同酬”基础上，又增加了一些新的规定，比如，福利待遇方面，用工单位应当向被派遣劳动者提供与工作岗位相关的福利待遇；社会保险方面，劳务派遣单位开展跨地区派遣业务的，应当在用工单位所在地为被派遣劳动者参加社会保险。四是对劳务派遣机构提高准入门槛，申请经营劳务派遣业务的公司注册资本由原来的 50 万元，提高到不少于 200 万元，而且要有与开展业务相适应的固定经营场所和设施；并对劳务派遣机构的内部管理规章制度也提出了新要求。

这项规定对灵活用工的影响较大，直接减少了企业劳务派遣工所占比重。于是，业务外包、使用实习生、见习生等作为正式用工的转嫁或替代被企业广泛采用。

同时，由于互联网技术发展迅速，劳动力市场发生较大变化，平台经济、分享经济等新经济形态为灵活用工这一用工模式提出了新的机遇和挑战。但政府政策滞后、各地政策不统一，规制灵活用工、保障灵活就业者的权益的政策、法规还在不断完善中。

以“网约车”为例：2014 年 7 月交通部颁布了《关于促进手机软件召车等出租汽车电召服务有序发展的通知》，首次确立了打车软件的合法地位。但是 2014 年 10 月 28 日，沈阳市交通局宣布，在未取得出租营业许可的情况下，以提供“专车”或者“商务租车”服务为名的营运行为，属于非法营运。这是第一例地方政府叫停“专车”。2015 年北京、重庆等地对“专车”等的相关法律认定也进行了多次反复。2016 年 7 月 28 日，《关于深化改革推进出租车汽车行业健康发展的指导意见》《网络预约出租汽车经营服务管理暂行办法》对外公布，“网约车”获得了合法地位，也明确“网约平台”可以与司机签署形式多样的劳动合同或协议，对雇佣合同的规范化体现了灵活安全性的理念。

3.4 灵活用工趋势下企业的最优选择——人力资源服务外包

灵活用工有两大核心驱动要素：一是企业，二是个人。对于企业来说，新的经济态势下，灵活用工可以帮助企业节约招聘成本，缩短招聘周期，提高人才保留率和人岗匹配率，转移用工风险，实现业务灵活配置，从而降低综合用工成本。对于个人而言，新生代员工更加追求工作中自我价值的实现，而分享经济时代也带给个人更多自主选择工作的权利。这两种因素促使企业和个人双方对灵活用工都有迫切的需求。

灵活用工下，企业和个人的诉求该如何实现匹配，同时还需要考虑政府对劳动用工的各种规制。如果企业、个人、政府三者都是根据自己的价值取向作出选择，三者之间很难形成真正的匹配。因此，灵活用工经济形态下，专业的人力资源服务外包公司应运而生，在有效地帮助企业和个人充分理解政府规制的前提下，可以大大加强企业和个人需求的匹配性。

人力资源服务外包，是指发包单位将部分业务委托给人力资源服务外包公司，人力资源服务外包公司根据业务流程、岗位职责招聘及培训人员，并由这些员工向发包单位提供服务、完成业务。因此，人力资源服务外包公司在提供服务外包过程中与发包单位之间并不是简单的事务性工作的委托办理关系。人力资源服务外包公司招聘员工，并以自己的名义与员工建立劳动关系，承担员工的用工风险，并作为雇主向员工发放薪酬、缴纳社保、公积金。人力资源服务外包不仅解决了企业人才招聘难、管理难、业务波峰波谷用工需求多变等痛点，而且有效规避了企业的用工风险，降低综合用工成本。因为核心的业务管理仍然掌握在用工企业手上，所以人力资源服务外包模式下发包单位的商业机密、核心技术并不会因为外包合作而外泄，信息安全能够得到很好的保障。

企业是经济活动的主体，用工对企业来说，不是简单地招人。用工管理是综合的人力资源管理工作，包含了人事管理、员工培训、降低流失率、用工风险管控等多方面。只有把人的问题整体解决好，才能更好地为企业的发展服务。人力资源服务外包公司能够通过平台优势和专业服务能力的提升，更好地帮助企业解决综合的人力资源管理的问题，真正帮助企业实现灵活用工。

人力资源服务外包是促进人力资源管理活动从基础性工作向战略性规划转变的催化剂。企业通过将其一些重复的、事务性工作外包出去，让人力资源岗位的员工从繁重的、低层次的事务性工作中“解脱”出来，专注于比较重要的战略性工作，从而有利于提升企业的核心竞争力，并有效控制和降低运营成本，实现一流的高效运作和服务。因此，人力资源服务外包必然会成为企业未来灵活用工的最主要模式选择，并且在实际的企业经营管理中，也将被越来越多的企业所理解和应用。

4. 人力资源服务外包的人才理念与企业价值

4.1 从“人才为我所有”到“人才为我所用”的人才理念

在中国改革开放近四十年的经济高速增长中，中国很多企业主要依靠大量的低成本劳动力以及低价的自然资源的消耗来维持运营与发展。最典型的有两类企业：一类企业不关注用工成本，依靠抓住市场机会，通过粗放式的快速发展来抢夺市场地位，但在变得越来越成熟的市场环境中，开始感受到成本的压力。另一类企业则主要依靠低成本劳动力，通过产出低价产品在市场中找到自己的生存地位。这类企业，当中国劳动力成本在国际市场中越来越失去竞争力的时候，开始呈现出颓势，面临停产、关闭等困境。

在以“老龄化和劳动力”为主题的“上海论坛 2016”中，专家指出，“1995 年，中国有 2 530 万小学生入学，而到了 2008 年，这一数字下降了三分之一。未来十年间，中国 20—24 岁年轻劳动力规模将减少 30%”。中国年轻劳动力比重的下降已经成为不争的事实。同时，《中国劳动力供给现状调查报告》显示，从 2013 年开始，中国劳动力供给开始绝对地减少，而劳动力的新增需求依然稳定在每年1 000万以上，中国未来的就业问题不是需求不足而是供给不足，劳动力短缺问题和用工成本的不断上升基本上已成为一个不可逆转的趋势。企业在激烈的外部市场竞争中要生存，必须通过技术与管理的价值来获取企业的利润空间，其中最根本的驱动因素是人均产能的提升。为了更快响应外部市场竞争的需要，最大限度地发挥单位劳动力的价值，企业必须采用多种用工模式的最佳组合，以降低综合用工成本，从而快速抓住外部市场的机会，以达到在商业竞争中获胜的目的。

在这样的时代背景下，灵活用工作为一种新的用工模式，受到越来越多企业用户的关注和推崇。2017 年，全球招聘机构瀚纳仕针对 1 200 名中国大陆雇主开展了一项调查，调查结果显示，其中 60％的雇主采用过灵活用工这一方式；同时，19％的雇主表示未来将更多地采用这一方式。应该说，灵活用工很好地为现代中国企业解决了新经济形态下出现的用工难、用工贵问题，为企业发展提供了新的利润增长空间；其最根本的理念就是对人才“从为我所有到为我所用”的观念变革。

实际上，“为我所有”的用人观一直是传统人力资源管理职能存在和依托的基础——人力资源管理通过工作分析确认岗位要求、招募求职者，为了让员工更好地适应岗位、产出绩效，开展培训、考核和薪酬设计与发放等传统工作，意在形成企业与员工之间稳定、长期的契约关系。只有让合格员工更加忠诚于企业并长期服务，人力资源管理所付出的成本才能得到相应的回报。然而，随着新经济时代的到来，这种延续多年的用人观念不可避免地发生了变化。中国互联网协会与国家信息中心在 2017 年发布的一份共享经济报告显示，目前中国有 4 000 万人在从事新型职业，越来越多的人加入了多元化选择工作、随意支配碎片时间的队伍。在互联网浪潮下，企业的边界也正在被打破，企业对交易成本更低的兼职、项目制等形式的小时工需求增加，从而用更低的成本创造更高的价值。服务外包、兼职、劳务合作、非全日制用工等较为灵活的用工方式逐渐成为用工常态。

从企业的角度来看，希望通过终身雇佣来留住人才或者通过严苛管理来提高人才忠诚度在新技术革命的冲击下显得越来越困难，管理哲学之父查尔斯·汉迪，在他那本著名的《超越不确定性》中就认为，用自由交换安全感的时代已经逐渐过去，越来越多的劳动者愿意从事一些兼职工作，不仅更自由，还能满足自己的乐趣、挑战性、体验需求等；甚至一些劳动者将完全放弃全职工作，开始“自我雇佣”，比如自由撰稿人、项目合伙人等。从劳动者的角度来说，因为法律并未禁止劳动者有多重劳动关系，因而互联网的运用使一个劳动者可以同时为多家企业服务；同时，高技能的员工具有较高的流动性，他们为了职业追求，可能随时抛弃低素质企业而投向高素质企业，或自主创业。

按照《连线》杂志前主编克里斯·安德森的说法，新时代的企业面临的一个危险趋势就是，即使与聪明人保持了固定的雇佣关系，为这些聪明人提供了稳定的收入、可靠的社会保障，很多公司也已经没有可能在完整的意义上，拥有它的员工的全部，无论是智力资源还是时间资源，“你再也雇不到优秀的人才，除非你跟他合作”。

这些变化使得劳动者与企业基于劳动关系协作的传统人力资源服务模式逐渐被变革，代表“为我所有”理念的传统招聘、长期合同、稳定雇佣等人力资源管理职能受到冲击，而以短期化、灵活化、分散化以及项目制、合作式等作为关键词的“为我所用”的人才观有了更广阔的适用空间。这一理念打破了以往对于优秀人才必须“纳入麾下”，对传统人力资源管理的“选用育留”职能使其发挥才能并长期、稳定留在企业的观念和做法提出了挑战；它适应了零工经济背景下“碎片化”用工时代企业结构扁平化、分离化，劳动者工作平台虚拟化、网络化的特点。人才将成为一种真正的可流动的高价值资源，让多家企业共享，让闲置的时间和人力资本得到优化配置与产能最大化，同时，劳动关系双方传统的人身隶属雇佣关系也将逐步弱化，变成一种生产经营的合作或联盟关系。

4.2　灵活用工对人力资源服务外包公司的要求

灵活用工必须能够解决企业人力资源部不能解决的问题，能够帮助客户获得商业价值，提供不可替代的市场化服务产品，而不是给客户带来成本。这也是必须成立的商业逻辑。随着中国经济进入新的发展阶段，以及中国劳动力供需关系的逆转，对人力资源的专业管理越发显得重要。企业内部的人力资源管理部门需要专业化，同时，存在于整个商业环境中的人力资源服务外包公司需要面对更加广阔的服务领域，解决更加复杂的人才管理问题。因此，势必要求人力资源服务外包公司更加专业化，具体的要求突出表现为以下三个方面。

(1) 一体化人力资源服务能力。

一个优秀的人力资源服务外包公司，必须从企业用工的实际需要出发，解决人员的快速招聘、职业技能培训、绩效管理、内外部劳动力市场管理、用工风险管控等方面的工作，客户所需要的是结果，而不是过程。而目前人力资源服务市场中，绝大部分人力资源服务外包公司都是以自身的专业服务产品为导向，而不是以客户目标的达成为导向。例如，网络招聘企业，只是考虑帮助企业发布招聘职位广告，对于企业能否招到人并不关注；培训服务公司，更注重的是课程销售，很少能深入企业内部提供持续的跟进式的培训服务。人力资源服务外包公司，它需要解决的是企业用工的问题，实际上就像自己的企业用工一样，它比单个企业本身需要承担更加广泛的用工责任，需要解决更加复杂的员工管理问题，需要提供有关企业用工的最佳一体化解决方案，并且与客户结成共同的利益关系链，以业务结果为导向，帮助客户在外部市场竞争中获得成功。

（2）高效的用工服务技术平台。

由于人力资源服务外包公司服务企业的多样性、复杂性和专业性要求，人力资源服务外包公司一定不能依靠大规模的人员堆积来为客户提供服务。如果这样的话，一方面不能为客户提供高效的服务，另一方面人力资源服务外包公司基于本身的成本也难以承受客户的价格压力。人力资源服务外包公司要比企业人力资源部门更高效、更专业、更低成本，一定要依靠技术的手段来解决人才服务与人才管理中各个环节遇到的问题——用技术来驱动服务，用技术来提升专业，用技术来降低成本。只有同时做到了上述这三点，人力资源服务外包公司才能在市场竞争中处于不败之地。

（3）高度职业化、专业化的员工队伍。

由于人力资源服务外包公司是一个现代服务企业，给客户提供的产品是在员工给客户服务过程中生产和提供的，如果公司的员工不职业化和专业化，那么给客户提供的产品一定是劣质的、还未经过检验的产品。一个优秀的人力资源服务外包公司，既需要先进的服务理念，又需要高效的技术平台来提供服务，还需要有效的组织结构、项目管理、业务流程管理、目标管理等体系的支撑，更需要优秀的员工队伍，这些因素缺一不可。

4.3　人力资源服务外包的外在模式

4.3.1　长期固定外包

长期固定外包是人力资源服务外包模式中应用最为广泛的一种，通常发包单位根据业务发展所处不同的时期（通常是初创期或者快速发展阶段），选择将部分岗位外包出去，合作期至少为1年～3年甚至更长，比较典型的岗位类型有客户中心类（客服、电销、审核等）、运营推广类（车辆运营、市场推广等）、金融服务类（催收等）、消费品连锁店。这类岗位通常的特点为需求量大、流动性大，为了保障业务顺利运行，需要具备快速、精准的招聘能力，同时能对新员工进行基础培训。而随着移动互联网的快速发展、共享经济时代的到来，长期固定外包服务在互联网电子商务、旅游出行、游戏互娱、金融服务、消费品渠道销售等领域应用日益广泛。特别需要提及的是，在长期固定外包服务模式中还有一类应用较为广泛的岗位：行政、人事、财务等职能类岗位。这类岗位的特点为人数少，单个岗位的用工风险较高，容易出现一个岗位因员工疾病、怀孕等长期无法工作的情形，而需要额外招聘替补人员并承担一个岗位两名员工的人工成本的情形。

长期固定外包主要提供给发包单位的服务内容有：招聘满编、高效人事基础服务，专业培训支持、员工关怀与员工福利，流失率管控、风险管控及风险承担（如“三期”员工、长期病假员工的退回等）、定期提供专业人力资源管理报告等；根据客户需要，利用外包公司的大数据平台和专业的项目经验，提供诸如行业交流、薪酬报告、选址建议、财务优化咨询等增值服务。

以上服务内容能够帮助发包单位迅速组建服务团队，降低综合用工成本，提升管理效能，降低用工风险。同时，人力资源服务外包公司通过对外包员工的持续管理，可以甄选和沉淀出一支优秀的员工队伍，在一定比例范围内可供用工企业选拔和培养，为发包单位建立起一个人才蓄水池。

4.3.2 项目制外包

项目制外包，通常较为广泛地应用于以下业务场景：初创期新组建团队，预计需要 6～12 个月左右的时间，发包单位借助人力资源服务外包公司的专业能力，迅速批量地组建团队及开展业务，在一定阶段服务团队达到了服务标准，则服务团队可转为发包单位的自有编制，未达到服务标准的服务团队则由人力资源服务外包公司进行培训提升或转向其他服务项目或被淘汰。

项目制外包提供给发包单位的服务内容中除了跟长期固定外包一致的招聘、培训、基础人事服务、风险管控及风险承担、专业服务等以外，还包括给发包单位提供“转编”的专业支持［在较短的周期内，服务团队达到标准的，从人力资源服务外包公司“转编”至发包单位，人力资源服务外包公司需提供专业方案及执行支持，帮助发包单位顺利完成员工的工作关系转换（特别注意工龄承接、福利接续等）］。

项目制外包服务提供给发包单位的核心价值主要有：通过外包期快速组建专业化服务团队、培训及考察，甄选出在业务能力、文化认同等各方面优秀的员工进行培养和选拔，打造企业的人才蓄水池；通过前期人力资源服务外包公司的全面介入，大大降低企业在招聘、培训、基础人事服务、用工风险等方面的综合成本，也降低了辞退不胜任员工的成本。

4.3.3 临时用工外包

临时用工外包主要适用于短期业务或溢出业务。发包单位因业务的波动，短期临时（通常为 1～3 个月）需要增加团队提供业务支持，但面临无法及时批量招到人员、短期兼职人员的用工管理、人工成本管控等困难，而临时用工外包，即为发包单位提供了这样一个满足短期业务溢出需求的服务模式。

临时用工的主要服务内容有：人力资源服务外包公司迅速为发包单位组建团队（根据项目需要可能是兼职人员、实习生等），业务的管理由发包单位直接进行；人力资源服务外包公司根据项目需要配置项目巡场或驻场管理人员，制定对外包员工的考勤及日常行为规范；通常是按工作量按天核算薪酬，按周或者按月向外包员工发放。其中人力资源服务外包公司要充分考虑到劳务税、用工风险等，依法合规进行管理，发包单位只需要按工时或按项目与外包公司结算费用。

临时用工的服务价值包括：人力资源服务外包公司具有平台的优势，可以储备大量灵活的雇员，通过系统平台派单的方式，满足不同发包单位波峰波谷业务需求，有效地避免企业紧急招聘难、用工结束后辞退赔偿、用人成本高等问题，从而，实现成本最优。

4.4 人力资源服务外包的内在职能

人力资源服务外包是灵活用工中一种主要的用工模式。对于人力资源服务外包这个概念，很多企业还很陌生，甚至有些偏见。常见的理解误区有两个：一种想法是，我的员工外包了，我就丧失了管理权，同时可能失去员工的忠诚度和归属感；另一种想法是，外包可以减轻企业管理负担，那我就把不愿意管理的、低端岗位的劳动力外包出去，甚至把不合规的员工包给外包公司去处理。这些理解误区在一定程度上桎梏了人力资源服务外包规范化的发展。实际上，人力资源服务外包的真正意义在于让专业公司做专业的事情，更好地为发包单位服务和为人才服务。这种整合专业、精准服务的结果一定是效率最高、成本最低的。

因此，人力资源服务外包的内涵可以被简单归纳为“1＋1＞2”，企业关注自己的业务与市场发展，人力资源服务外包公司专注于团队管理及效能提升。通过企业与人力资源服务外包公司在不同专业领域特长的最大限度发挥，实现两者资源的匹配、组合和协同，达到两方配合的价值大大高于企业独立管理所创造价值的最终目标。这是人力资源服务外包模式最大的价值所在，也是衡量一种人力资源服务外包模式的重要标准。具体来看，为了实现“1+1>2”的目标，需要依托一系列服务能力，图 4.1 对人力资源服务外包的能力要素进行了梳理，下文将针对这七项具体内容展开详述。

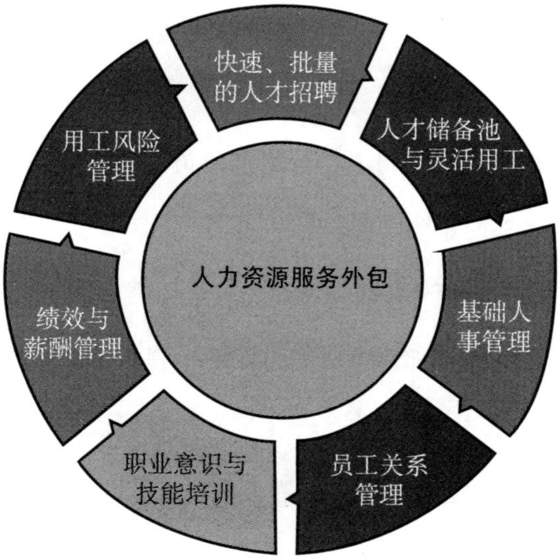

图 4.1　人力资源服务外包能力要素

4.4.1　快速、批量的人才招聘

招聘工作是企业人力资源部门的一项常规性职能工作，通常由企业的业务部门提出用人需求，人力资源部门针对需求的特点，选取针对性的招聘渠道和方式进行人员选拔招募。在实践中常常出现的招聘工作的低效主要集中在两个方面：其一，招聘工作是人力资源部门的一项职能，完成招聘过程需要一定的周期，经常难以满足业务部门快速用人的需求。因此，当企业需要快速批量招聘的时候，例如一个月内招聘一百多人，这在外包服务中非常常见，但对于一般企业的人力资源部门来说是一个巨大的挑战，而人力资源部门完不成招聘任务，会严重影响企业的业务发展，而由于招聘只是人力资源部门的多项职能之一，因此它很难动员该部门全员投入，也很难完全体会业务部门需求的急迫性。其二，尽管在多数企业人力资源部门被定位为服务部门，但是业务部门很难真正以“客户”的身份向人力资源部门提出招聘人员的需求，这就出现人力资源部门招募的人才不符合业务部门实际需求的窘境，人员的流失和更迭就变成了常态。当企业的业务部门每月经常需要批量地招人和补充流失时，业务部门的主管就需要把大部分的时间和精力花在招聘人员与培训新员工上，没有很多的时间去管理业务，以致造成部门业绩低下。

而对于人力资源服务外包公司来说，它把招聘当成一个“产品”。所谓的产品，它一定是由很多部件组成的，即把招聘工作分解成很多专业的业务模块来进行，同时对产品的生产一定要有过程管理和目标考核。一般来说，人力资源服务外包公司具体的招聘模块和流程设计如图 4.2 所示，发包单位的客户身份和人力资源服务外包公司严格的招聘“产品化”管理模式，都保证了快速批量人才招聘的实现。

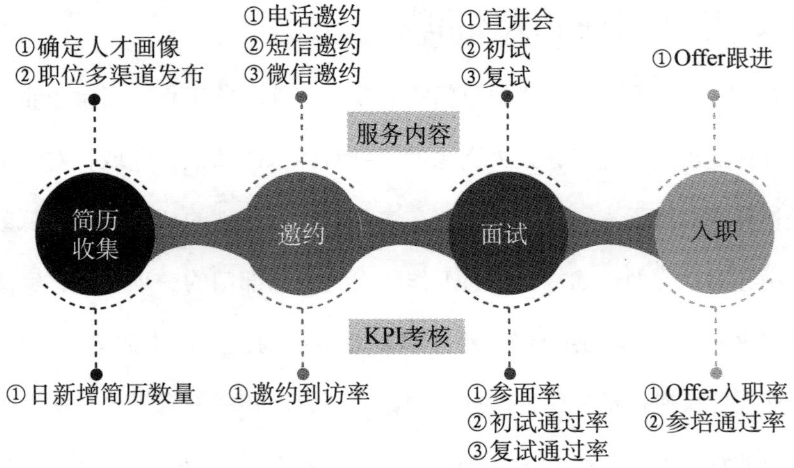

图 4.2　人力资源服务外包中的招聘流程

4.4.2 人才储备池与灵活用工

为了更加有效地控制企业的人员编制，以及根据实际的业务特征最经济地使用人员，企业可以与人力资源服务外包公司进行合作，采用最灵活有效的用工方式。下面的两个实例就是发包单位采用灵活用工方式解决实际用人问题、提升效率的典型。

案例

某企业接了一个工程项目，整个工程的周期为 6 个月。在此情形下该企业就会遇到两个典型的问题：一是当工程开始时怎么快速招到合适的人员，如果不能快速招到合适的人员，工程的进度就会严重受影响。二是当工程结束时，这些人员怎么办。如果企业要辞退员工的话，就要给员工支付很大一笔经济补偿金。这时，外包服务就能够很好地解决这两个问题。一方面，专业的人力资源服务外包公司长期在该领域提供人力资源服务外包，对于人才招聘渠道非常熟悉，就能很快地招聘到企业需要的人才；另一方面，当项目结束时，人力资源服务外包公司可以把人员转移到其他服务企业的项目中去，不会给企业带来额外的成本支出。

案例

某企业由于快速发展，每个月需要招聘几百人，人力资源部配备了十几个员工专门从事人员的招聘和培训工作。由于新来的员工工作技能差、业绩水平也不理想，因此对于新招聘的人员中不合适的就直接进行淘汰。整个过程中，企业招聘渠道的费用、人力资源部门的人员成本以及新进员工的低效能带来的负效益，给企业带来很大的显性成本和隐形成本。此时，如果企业与专业的人力资源服务外包公司合作，采取人力资源服务外包模式，依靠人力资源服务外包公司成熟的人员招聘管理体系和新员工培训体系，把大量的人员招聘以及初级的人员培训工作交给外包公司去做，员工先与人力资源服务外包公司签订劳动合同，在工作6个月后把部分绩效好的员工转为公司的正式编制，这样，就在很大程度上节约了企业的用工成本，增加了人员编制的灵活性，降低了用工风险。

4.4.3 基础人事管理

基础人事管理工作的主要内容包括下述四大方面：

- **入离职管理：**提供入离职办理服务、用/退工手续办理、出具各类人事证明材料。
- **社保/公积金管理：**社保基数审核、申报、缴纳、账户合并与转移及保险理赔；公积金基数审核、申报、缴纳、账户合并、公积金贷款、支取等咨询。
- **薪酬管理：**考勤及绩效统计、薪酬核算、薪酬发放、薪酬自助查询、个税申报。
- **政策咨询：**提供社保、公积金、劳动法等相关法律、法规、地方政策等解读及咨询。

基础的人事管理工作看起来是比较简单和日常的工作，但是当员工的入离职频繁、异地多网点办公、流动性工作、员工数量规模大等情况出现时，这项工作就变得异常烦琐，要做到准确、及时就不是一件简单的事情了，往往不是靠员工的工作态度就能解决的，而是需要依靠高质量的信息技术平台。同时，基础人事工作看起来不是人力资源管理中最重要的模块，但当它出错时，会引起员工的强烈不满，甚至会严重影响企业的组织氛围，因而高效的信息技术平台与高度职业化的员工队伍是做好高难度基础人事管理工作的根本保障。

4.4.4 员工关系管理

外部市场环境在不断变化，企业的产品也在不断变化，唯一一个能持续传承的是企业文化，而文化的传承是靠一代一代的人来实现的，因此，经营企业，从根本上看其实经营的是人才。从中国经济发展近四十年的历程来看，真正能不断披荆斩棘的，唯有具有优秀企业文化和优秀人才队伍的企业。随着2013年前后中国劳动力市场供需关系的逆转，企业对于员工招之即来、挥之即去的时代已经一去不复返，要经营好企业，必须经营好员工。因此，员工关系管理在现代企业的人力资源管理中越来越被重视，员工关系不是企业内部的拉帮结派，也不是简单地搞搞员工活动和企业文化宣传，而是企业与员工之间心与心的交流，是企业对员工内心真正需求的重视与满足，其根本目的是通过柔性的、激励性的手段，营造企业内部正向积极的工作氛围，增强员工的凝聚力，激发员工的工作热情与最大潜能，从而支持企业的管理目标实现。

人力资源服务外包中员工关系管理的内容通常包括以下五个方面：

- **劳动关系管理：**人力资源服务外包公司作为员工的法定雇主，对员工的入离职、人事档案、人事纠纷进行管理。尤其是进行离职面谈，对离职原因进行系统分析，从而有效降低流失率。

- **员工纪律管理：**通过员工手册培训、日常宣传等方式强化员工纪律管理，规范员工行为等。

- **员工沟通管理：**通过员工访谈、员工满意度调查等方式，建立起员工与企业、员工与人力资源服务外包公司、员工与员工之间良好的沟通反馈渠道，创建和谐的工作及人际关系，提高员工满意度等。

- **企业文化建设**：人力资源服务外包中的企业文化建设，需要企业方和人力资源服务外包公司共同推进完成：企业方将核心价值观以企业文化手册、案例等丰富的形式输出，人力资源服务外包公司通过入职培训、员工活动、员工关怀等形式潜移默化地进行宣贯、传播、落地，从而达到提升团队的凝聚力的目的。
- **员工激励**：在人力资源服务外包中，对员工较为有效的激励方式主要有目标激励、榜样激励、沟通激励等。

4.4.5 职业意识与技能培训

员工培训问题常常让不少企业深受困扰：不培训觉得员工的意识和技能不能跟上企业发展的需求，培训了又觉得花了钱也没有起到什么效果。总体来看，企业培训中存在的最主要问题是针对性和实效性的问题：一方面，培训的内容是否针对不同岗位而设计；另一方面，培训工作能不能与日常的实际工作结合起来。

从企业培训管理的实践来看，引入外部培训公司和培训讲师是不少企业的惯常做法，不过，通常的培训公司以推广课程和讲师为主，培训内容刚性和通用性较强，较难深入企业的实际工作场景，很难帮助企业解决实际问题。为了避免这一问题，不少企业采取了内训师制度，但是企业内的管理者，虽然有实际工作经验和技能，但缺乏培训的技巧和方法，更是缺乏参与培训的热情，往往把公司安排的培训工作看成自己的工作负担，这样的培训效果也会大打折扣。人力资源服务外包公司的培训恰恰弥补了这两种模式的弱点。由于长期服务于某些行业和职业，具备一定规模的人力资源服务外包公司往往会建立一支自己专职的培训讲师队伍，并且开发出基于实际工作需要的培训课程体系。发包单位通过与人力资源服务外包公司建立长期的业务合作关系，引入人力资源服务外包公司参与企业员工技能培训工作，并且往往采用持续的、长期跟踪的、进阶式的培训模式，能够有效提高员工的实际工作技能。

4.4.6 绩效与薪酬管理

绩效与薪酬管理是企业人力资源管理中重要而核心的内容，也是促进企业达到业务目标最主要的管理手段，所以在人力资源服务外包中，发包单位对服务的标准提出明确的要求，优秀的人力资源服务外包公司则可以发挥专业优势，在绩效和薪酬管理中发包单位发挥其独特的价值。例如，在薪酬水平制定中，人力资源服务外包公司基于对行业的横向了解，利用所拥有的丰富的劳动力市场实际数据，可以有效地制定合理的薪酬水平，并且基于对全国各地不同城市用工成本及劳动力的供需状况的分析，可以帮助发包单位选择最合适的城市去建立分公司或业务单元，以降低综合用工成本，提升企业的竞争力。

在员工的绩效管理中，人力资源服务外包公司利用良好的人员管理优势实时参与对员工的绩效管理工作，对绩优员工进行画像分析，可以更好地帮助提升招聘匹配度；同时，还可以帮助员工分析绩效差的原因，并帮助员工改进工作行为和工作态度。

4.4.7 用工风险管控

用工风险管控主要包括以下三方面内容：

- **合规性管理：**对员工行为准则、信息安全、保密性等管理、定期用工合规性审计。
- **劳动争议处理：**劳动争议、仲裁、诉讼等处理。

- **风险承担：**作为雇主需要承担员工的离职补偿金，长期病假工资，工伤工亡赔付等。

随着我国劳动法律环境的不断严格和规范，现代企业想用不合规的方式来降低用工成本的风险越来越高，造成的结果往往是得不偿失。而现实中的不少企业，当出现员工起诉企业，或者已经造成了巨大的经济赔偿时，才知道用工风险管控的重要性。实际上，企业用工风险管控的本质在预防，而不是处理已经发生的应急事件。这是一项非常专业性的工作：一方面，企业管理者要具备一定的法律知识，要对企业可能遇到的用工风险有清晰的认识和预判；另一方面，在处理实际的用工风险如工伤、“三期”、退工、劳动纠纷等事件，乃至仲裁、诉讼时，只有具备法律和管理专业性的人力资源服务外包公司才能把企业的损失降到最低。

4.5 人力资源服务外包的企业价值

观察中国市场经济的发展，有大量的投资人在寻找投资机会，所以可以说是“不缺钱”的市场；在全球化背景下，用人已经没有国籍与行业的限制，因此也可以说是“不缺人”的市场，真正缺乏的，是企业家精神以及企业家的战略思考与经营管理能力。

人力资源服务外包不只是“把非核心业务包出去”，更有价值的是“把核心能力包进来”。一个企业优秀与否，不在于现在自己拥有多少资源，而在于组合社会资源的能力。激烈的市场竞争使一个企业企图把好的人才全部都招聘到自己的企业来培养的时代已经过去了，无论是企业，还是人才，都在逐步接受一种人才“为我所用”但并未“为我所有”的新环境。人才竞争的白热化使越来越多的企业意识到招聘和保留一个人才的高成本与高难度，而一个具有独特专长的人才，为了发挥自己的最大专业价值，也开始选择自由雇佣模式，通过外包专项业务或者专业咨询的方式来为企业服务，而并不希望与企业签订单一服务的固定劳动合同。

在这样的背景下，应该说，人力资源服务外包“1＋1＞2”的核心价值，既服务于快速变化环境中的企业，又服务于新雇佣时代下的人才。具体来说，这种价值在以下五个方面得到体现。

4.5.1 扩展企业内部劳动力市场

传统的人力资源管理模式从人才招聘，到人才培养、绩效考核、薪酬激励、内部人员调配，再到员工辞退，形成了一套企业内部的劳动力市场管理模式。企业与人力资源服务外包公司合作后，可以把企业的内部劳动力市场延展到外部的社会化的劳动力市场，从而帮助企业建立柔性化的人才雇佣机制。

(1) 人才的进入。

首先，人力资源服务外包公司通过对目标岗位或职业的长期服务，建立起了巨大的动态人才库。当企业需要特定的人才时，人力资源服务外包公司可以快速找到合适的人员。其次，人力资源服务外包公司在其服务的企业中，因为有大量的服务项目在同时运作，就能够将一定数量的人才流转出来，可以满足客户的业务需求。再次，当企业需要招聘大批量的人员时，人力资源服务外包公司可以进行产品化的专项招聘服务，达到快速、批量招聘的目的。最后，招聘的员工与人力资源服务外包公司签订劳动合同，发包单位则可以通过与人力资源服务外包公司签订项目制外包、长期固定外包等合作方式，根据员工的实际工作绩效以及企业的人才政策与需求，逐步、部分地将优秀员工“转编”到企业。这种开放式的、动态的人才雇佣方式，能够更好地适应企业业务发展的变化，并且大大降低了企业招聘员工的雇佣风险。

（2）人才的退出。

对于项目性用工和季节性高峰期用工来说，人才退出问题十分突出。随着项目的结束或者季节性用工高峰的结束，企业最头疼的问题就是员工辞退的补偿问题。在人力资源服务外包模式中，由于这些员工的劳动关系是与人力资源服务外包公司签订的，因而，人力资源服务外包公司可以把这些员工安排到其他合作的企业或者项目中去，这就从根本上解决了企业辞退员工问题。同时，一个人才的雇佣关系从一个企业的范畴扩展到了社会的范畴，对个人来说，也解决了员工被辞退而短期失业的问题，劳动者的就业安全性得以提高，个人的就业转换也更加顺畅了。

4.5.2 降低综合用工成本

随着中国劳动力供需关系的逆转和物价的上涨，人工成本的提高已经是一个不可逆转的趋势，同时，为了吸引和保留更优秀的员工，企业还需要主动地提高劳动者的薪酬待遇，这就使人工成本的上涨更加明显。一方面，包括人工成本在内的各项成本不断上涨；另一方面，企业还需要提升产品的专业价值，不断提升利润空间。这成了摆在企业面前的一道难题。如何在保证员工工资收入基本不变甚至略有上升的情况下，降低综合用工成本，是人力资源服务外包模式的一个典型优势，具体的做法有以下几种。

（1）变单一的长期固定用工为灵活用工。

对于发包单位的季节性、项目性、专业咨询类或替代类等短期或周期性服务需求，采用人力资源服务外包的方式是最佳的解决方案。这种解决方案，使企业用工目标和责任明确，成本可控，同时也是在企业的快速膨胀和未来发展具有不可预计性时规避未来可能出现的大规模员工辞退，从而导致用工风险的最佳选择。

（2）建立市场化的薪酬体系与福利制度。

在一些发展快、效益好的公司中，由于企业利润比较好，所以员工的薪酬和福利水平都比较高。为了保持企业内部的公平性和一致性，这些企业常常也给予一些非核心人员远高于市场水平的薪酬，这显然增加了企业的用工成本，并且一定程度上降低了企业的外部竞争力。而通过人力资源服务外包合作，企业可以建立多种薪酬与福利体系，而不必考虑企业内其他体系的员工薪酬体系平衡问题。尤其是对于长期福利比较好的企业，基层员工和年轻人不会太关心长期的福利待遇，而更加注重眼前的现金收入，因此，通过与人力资源服务外包公司的合作，由人力资源服务外包公司对外包员工建立一套基于外部市场水平的现金薪酬激励体系，既能激发员工的工作热情，提高其劳动效率，又能节约企业的综合用工成本。

（3）降低员工流失率。

一些发展速度较快和管理水平比较低的公司，往往不重视员工的流失率问题，认为大浪淘沙，行的留下，不行的就离开，没有认真思考员工流失的原因和控流失的策略。实际上，员工流失是有很多原因造成的，其中有相当一部分是企业自身的原因。多数员工流失率高的公司，通常都面临人均产能低、公司业绩差的问题。一方面，员工流失率高，企业必然要花很多的时间去重复招聘新员工，这需要一定的成本支出；另一方面，新员工入职后公司对新员工的培训需要发生成本，而一般情况下新员工入职半年后业绩才比较稳定，如果在半年内经常性地发生员工批量流失，企业在培训上支出的成本就化为乌有。与人力资源服务外包公司合作的契约模式决定了人力资源服务外包公司会十分关注员工的流失问题，针对这一问题，优秀的人力资源服务外包公司往往也会建立专门的系统和采取专门的方法来降低员工流失率，从而为自己和客户带来价值。

（4）预防性降低用工风险。

我们在实践中观察到，不少企业对用工风险不重视、不了解，往往在发生严重事件，造成严重经济损失或品牌影响后才去应急处理这些事件。要合理规避用工风险，首先要准确理解国家和各地政府对企业用工的政策与法规，并且从开始签订劳动合同时就做好规范性的处理。其次，对于工作现场安全管理、劳动者权益规范、日常工作行为培训与管理等需要专业化的管理与处置的问题，在企业与人力资源服务外包公司合作后，全部的雇主责任风险由外包公司来承担，而人力资源服务外包公司一般都有一套专业的风险管理方法和风险处理团队来规范和应对用工风险问题，发包单位就实现了成本可控、风险转移的目的。

4.5.3 跨区域、多网点、分散式人力资源管理

对于全国性的门店、超市、营销/运营网络等行业企业来说，人才招聘与员工管理往往会因为跨区域、多网点的业务模式而遭遇很大困难，而且有可能带来比较高的管理成本和用工风险。而通过与全国性规模的专业人力资源服务外包公司合作，可以从下列方面比较好地解决这些问题。

（1）人员的快速招聘与补充流失。

这类全国性的服务网络公司一般为服务型企业，员工的缺位会直接影响企业的业务，因此，快速招聘和补充流失是一项非常重要的工作。企业自身的人力资源部门异地招聘，往往不能满足实际的快速招聘需求，而全国性的人力资源服务外包公司往往在各个城市有当地的分公司和服务部门，

能够很好地解决人员快速招聘问题。

（2）员工工作考勤。

由于点多、面广，又分布在全国各个城市，这类全国性服务网络公司的员工的工作考勤必须做到网络化、电子化，甚至需要移动考勤。同时，员工经常性地入职与离职，需要及时办理入职手续和离职手续，这给对员工的准确考勤又带来了很大的困难。而全国性的人力资源服务外包公司，可以利用全国当地的服务机构提供本地化服务，并且可以通过强大的信息化员工管理系统，实现电子化入、离职办理；可以通过网络化考勤和移动考勤等丰富的管理方式，使发包单位员工的入、离职办理和工作考勤准确无误，从而大大提高工作效率和员工满意度，也降低了发包单位的管理成本。

（3）社保公积金缴纳。

一些快速扩张的企业业务遍布全国各地，普遍出现用人单位注册地和劳动合同履行地不一致的情况，按照《劳动合同法实施条例》第 14 条的规定，“劳动合同履行地与用人单位注册地不一致的，有关劳动者的最低工资标准、劳动保护、劳动条件、职业危害防护和本地区上年度职工月平均工资标准等事项，按照劳动合同履行地的有关规定执行；用人单位注册地的有关标准高于劳动合同履行地的有关标准，且用人单位与劳动者约定按照用人单位注册地的有关规定执行的，从其约定”。然而我国各地的社保、公积金政策不尽相同。这给企业的人力资源管理在实操中带来了非常大的挑战。如果业务遍布全国上百个城市，则需要在全国上百个城市注册分公司，开立社保、公积金账户，并接受合规性审计。在符合条例规定的情况下，企业亦可在用人单位注册地为员工缴交社保、公积金，但员工又面临异地享受社保、公积金福利的差异，以及异地工伤、医疗、生育带来的诸多不便。这不管是在使企业的管理成本增加方面，还是在员工满意度方面，显然都不符合现代企业经营管理的要求。而全国性的人力资源服务外包公司，熟悉各地政策差异，具备平台优势和规模化优势，可以利用全国性的服务网络，为员工提供属地化的社保、公积金服务，从而提升员工满意度，同时还确保用工的合法合规。

(4) 员工工伤事故的及时有效处理。

网点较多的流动性工作，员工工伤事故的发生概率相对较高，这也是企业面临的一个棘手问题。对于一个企业来说，很难在全国各地配备专业的人力资源团队来处理工伤事故。当出现员工工伤事故时，如果从总部派专业人员支持，一是差旅成本高，二是响应速度慢，如果事故处理不及时，又可能给企业带来新的损失。而具有全国性网络的专业人力资源服务外包公司，能够提供专业人员，及时、有效处置员工工伤问题，协助员工进行工伤备案、伤残等级鉴定，安抚员工及家属情绪，跟进后续事宜。同时，服务专业人力资源服务外包公司还能有效地进行预防性管理，通过大数据分析，设定不同岗位不同的风险级别，在员工入职之初为员工分别购买雇主责任险、意外险、补充医疗保险等险种，以提升抗风险能力，并提高员工的满意度。

4.5.4 快速抓住外部市场商机

在目前中国充分竞争的市场领域，一旦有一个好的业务模式出现，很快就会有几个竞争者跟随。因此快速占领市场，对一个企业占领市场先机和确立市场地位来说是非常重要的。

在确定了一个好的业务模式后，最紧迫的就是快速组建人才队伍把业务做起来，而按照一般的企业运作方法，要招聘员工队伍，先要成立人力资源部门，再通过发布招聘信息、面试等流程来招聘新员工。通常情况下，一个公司要成立一个 300 人以上的业务部门，需要花 6 个月以上的时间。而通过与人力资源服务外包公司合作，基本上可以实现在 2 个月甚至更短时间内把员工队伍建立起来的目标。同时，人力资源服务外包公司还可以负责相应的职业意识与职业技能培训，并从一开始就规范用工制度，防范用工风险以及大量的员工流失给企业带来的经济损失。

在帮助企业快速抓住外部市场商机的具体服务内容上，人力资源服务外包的价值主要反映在以下方面：

- 根据企业的业务需要，以目标管理的方式快速、批量地招聘人员；
- 对新入职的员工进行职业意识与职业技能培训，弥补企业培训力量的不足，让新员工尽快进入工作状态；
- 规范用工管理，避免因为不合规问题造成的劳动纠纷与经济损失。

4.5.5 满足业务波动型企业的用人需求

在很多企业中存在着业务高峰期与低峰期的特点。例如，每年“11·11”电商季，很多企业需要激增一批订单处理人员或物流配送人员，但工作周期也就是一个月左右的时间；在每年的夏季，电信运营商由于雨季故障多，通常需要增加一批客户服务人员，但工作周期也就是在 5 月到 8 月的 4 个月时间。如果这些人员都依靠企业自己招聘和标准雇佣，就会产生不能及时招聘到人、在高峰期过去后大批量辞退员工的经济补偿问题。与人力资源服务外包公司的合作能很好地解决这些问题，因为这些周期性的外包员工的劳动合同是与人力资源服务外包公司签订的，企业可以与外包公司签订明确的业务合作周期，到合作周期结束时，人力资源服务外包公司会安排外包员工到本公司的其他项目中去，企业不会发生退工的赔偿以及其他的用工风险。在服务内容与方式上主要体现以下方面：

- 企业与外包公司可以按照规定周期内的业务量或者工作量来进行服务费用结算；
- 雇佣人员的数量可以根据实际的业务需要来确定，由外包公司与员工签订劳动合同或劳务合同；
- 根据企业业务的波峰时间段来使用人员和结算服务费用，在服务周期结束时，由外包公司在其他企业重新安排员工的工作或者处理与员工的解约问题。

5. 人力资源服务外包中的招聘管理

5.1 招聘变化的多维视角

随着我国经济的平稳发展，市场化改革的不断深化，在激烈的企业竞争中，人才竞争不断升级，给企业招聘工作带来了巨大的压力。从劳动力市场变化、企业需求变化、企业招聘渠道变化，到求职者观念及行为变化等，都是企业招聘面临的挑战。

5.1.1 劳动力市场结构的变化

随着生育率的降低和老龄化趋势的不断加深，国内劳动力人口总数难以保持增长，“人口红利”逐渐消退。根据联合国数据预测，20 世纪八九十年代中国人口生育率的快速下降导致未来 30 年～40 年内中国劳动力人口进一步减少，劳动力人口占比同时下降，劳动力人口“拐点”已经到来。中山大学社会科学调查中心发布的《中国劳动力动态调查：2015 年报告》显示，2014 年中国劳动力平均年龄为 37.57 岁，年轻型劳动力年龄结构已不复存在，34 岁以下人群占比为 42.86%，相比 2007 年 34 岁以下人群占比 69.90%，下降约 27 个百分点。根据 Charles Schwab 预测，我国未来适龄劳动力人口总数将进一步降低，中国劳动力人口或已经触及拐点，未来几年内中国适龄劳动力人口数量仍将继续下降，国内劳动力资源供给逐渐减少，未来劳动力成本也将随之增加。

5.1.2 企业人力资源管理职能需求的变化

进入 21 世纪以来，由于一、二线城市用工成本的提高以及国家政策的倾斜，一、二线城市的呼叫中心企业正在向周边副中心及三、四线城市或较为偏远的内陆城市迁移。如总部在北京的某打车软件企业，先转移到武汉，又计划转移到三、四线城市；某总部在深圳的金融企业，在全国进行布局，将贷款、催收业务迁移到西安、成都、合肥等地。对于需要进行业务迁移的企业来说，必定需要在当地快速地组建团队。而企业到了一个陌生城市，往往会水土不服，希望找到一家全国性的人力资源服务企业，能够下到三、四线城市帮助开展招聘业务，快速地响应发包单位的业务转移和扩张，降低发包单位的沟通成本和管理成本。然而，三、四线城市的人力资源服务机构一般规模较小，而且人力资源服务市场鱼龙混杂，不正规的中介机构也在其中。当地人力资源服务机构向求职者收取费用的做法会影响求职者对企业的感知，进一步影响企业的招聘。当一家向求职者提供免费服务的专业人力资源服务机构出现时，将会给求职者带来良好的体验，为企业的招聘工作提供便捷。

由于国家政策的优势，同行企业聚集在开发区等适宜行业发展的地区，如武汉光谷信息港、合肥的滨湖新区、天津的滨海新区、长沙的麓谷信息港、成都天府新区等。在金融企业、互联网企业聚集区，有不少知名企业，各个企业之间的人才竞争非常激烈，同行“挖脚”事件频繁发生。同时，由于这些新建设的开发区较为偏僻，因而求职者较少，这又加大了企业的招聘难度。而留在一、二线城市的企业总部，一方面减少了人才需求量，以补充流失、人才转移为主，另一方面对人才的素质提出了更高的要求。

5.1.3 企业招聘渠道的变化视角

目前主流的招聘渠道可以分为线上招聘和线下招聘两种。线上招聘主要是指借助互联网的招聘渠道，主要包括四种不同的模式，分别为：传统的互联网平台；社交招聘渠道；互联网垂直招聘；猎头平台。线下招聘主要指传统的招聘方式，如校园招聘、现场招聘和人才市场招聘等。随着互联网的快速发展，这两类招聘方式在企业实际运用过程中所占比重发生了巨大的变化。据速途研究院 2016 年线上招聘市场分析报告显示，中国线上招聘行业从 2000 年开始起步，2010 年后正式进入高速发展期，2013 年中国线上招聘市场规模为 28.2 亿元人民币，与 2012 年相比增长 23.7%，2015 年和 2016 年线上招聘市场规模保持在 25%左右，预计 2018 年线上招聘市场规模达到 26%以上。

不同类型的线上招聘模式，发展趋势存在差异。其中传统的互联网招聘平台效率有所下降，据统计，近年传统互联网招聘平台的简历收取率下降了 20%。而其他类型的互联网招聘平台更受欢迎，特别是社交招聘渠道和垂直招聘渠道，通过 APP 端口，吸收了大量的求职粉丝。同时，校园垂直招聘平台的出现，截留了传统招聘渠道的前端的大量的求职者资源，对传统招聘渠道的简历收取也产生了较大的影响。垂直招聘渠道和社交招聘渠道的不断兴起表明求职者需要更加新鲜且极具个性化的服务来满足自身的求职体验。

线上招聘渠道的分散，一方面导致每个招聘平台的资源减少，另一方面导致企业的招聘难度增加。企业原来只需一两个渠道就可以招到需求的人员，但由于资源分散，企业要运用多个渠道开展人员招聘，这不仅导致企业招聘的成本增高，而且由于每个渠道的招聘模式不同，还导致渠道管理难度加大。

对于线下招聘平台，校园招聘渠道供给方的收费模式也在发生相应的变化，如原来的校招渠道大多主要是收取宣传推广及系统费用，现在已经转向按学生在岗人数逐月收费。这种收费模式的转变导致成本越来越高。如果企业知名度不够，校园招聘对企业来说也难以开展，对于创业型企业来说招聘难度更大。同时，社会招聘渠道也在发生变化，由于线下渠道的多样化，导致线下渠道的资源变得非常稀缺，线下招聘的成本越来越高，能够得到的服务却越来越少。

5.1.4 求职者的观念和行为发生了明显变化

近年来，企业招聘面临多重困境，其中求职者的观念和行为的变化是影响招聘工作质量的重要因素。企业招聘难的具体表现为：（1）企业邀约到访的求职者的数量在减少，而劳动力市场呈结构性短缺，岗位供大于求成为常态。（2）随着市场的不断开放，创新创业企业大量涌现，它们需要更多的人才支撑快速发展。据有关部门测算，2016 年初创企业新增招聘岗位数超过 240 万个，对新增招聘岗位的贡献率达到 18.7%。创新创业企业同样为劳动者提供了大量岗位，求职者可选择的岗位从人均 2 个增长至人均 9 个。（3）求职者的年龄层次也发生了变化，新生代员工主要为“80 后”、“90 后”员工，这些新生代员工不同于“60 后”、“70 后”员工，他们不求生存求发展，自尊心强，自信，敢于挑战，注重私人时间。求职者年龄层次的变化加大了企业的招聘和管理难度。

同时，由于求职机会增多，求职环境越来越市场化，求职者的就业机会增多，导致现有的求职者平均的在岗时间比较短。《2014 中国互联网职场调查报告》称，中国互联网从业者平均跳槽时间为 18 个月，而在 5 年前员工的平均在一个企业的在岗时间为 3 年。员工“裸辞”等行为给企业带来非常高的用工成本。

求职者观念和行为的变化还体现在以下方面：

第一，重视雇主品牌。随着互联网的快速发展，信息透明化程度增加，求职者在选择企业时更加谨慎，在收到企业的邀约之前，会在网站查询该企业的知名度、评价。这在一定程度上对企业的雇主品牌提出了更高的要求。

第二，倾向于移动互联端工具。求职者越来越趋向于移动互联端的工具进行求职。相比于传统的求职渠道，移动互联端工具可以提供更加快捷、方便的求职体验。

第三，注重工作、生活平衡。随着北、上、广、深等一线城市的房价增长，求职者的生活成本越来越高，因此，求职者对北、上、广、深的偏好在降低。同时，随着现在越来越多的企业向二、三线城市迁移，越来越多的求职者在中小城市找工作、创业，由一、二线城市的吸引力降低引起的招聘难度有所增加。

由于劳动力市场结构变化、企业招聘需求变化、招聘渠道变化以及求职者观念和行为变化带来的招聘难度增加，给企业的招聘工作造成了困境。企业仅依靠自身的发展很难打破招聘困境，投入—产出比相对较低，而人力资源服务外包为企业的招聘工作开展提供了新的可能。

5.2 为什么外包招聘更有优势

企业管理者更加关注业务的快速增长，注重利润，对人力资源部门的重视度不够。企业的人力资源部门作为职能部门，基于人力资源的六大模块进行工作的开展，企业对它们的考核、激励也更多是按照职能部门来考核，因此招聘工作的推动力和激励性是不够的。而对于人力资源服务外包公司来说，招聘是核心服务能力，是决定服务费应收的关键，是公司非常重要的业务单元，因此人力资源服务外包公司对招聘部门设有严格的绩效目标，激励的力度也更大。下面从以下几个方面具体说明企业招聘与人力资源服务外包公司招聘的区别。

（1）资源端口。

对于企业而言，拥有的人才简历库比较单一，对于人力资源服务外包公司而言，其招聘平台拥有千万级以上的简历资源库。在对求职者的跟进方面，企业一般根据求职者的简历了解候选人，然而简历是可以被包装的，企业在求职者的画像上会存在一定的误差。而人力资源服务外包公司通常可以通过大数据分析，来跟踪求职者的求职轨迹，如根据求职者浏览的岗位类型、意向、偏好来对候选人标注标签，不断完善求职者画像，对求职者的能力有更加真实、准确的判断。

（2）触达方式。

企业主要是通过发布职位、职位列表、首页广告等方式来进行岗位的宣传，岗位宣传内容更多的是以文字的方式来呈现，呈现方式较为单一，触达的方式也较为被动，很难满足现有“90后”求职者多样化的需求。而对于人力资源服务外包公司来说，更多的是利用移动互联网渠道，如微信点对点的推送，基于APP进行定向邀约，并通过视频、图文、H5页面等多种方式进行邀约，推荐内容更加丰富，通过移动互联网触达的方式定位更加精准，更能满足新生代求职者的诉求。

(3) 组织架构。

企业的人力资源组织架构，一般是按照人力资源六大模块或三支柱模式来进行设置，对于招聘端口，一般由招聘总监/经理带领招聘专员进行招聘，组织架构比较单一。

对于人力资源服务外包公司而言，运用的则是项目制执行方式。人力资源服务外包公司会设置专门的招聘部门进行独立运作，而在招聘部门下面，会细分为数据运作部、电营中心、项目执行部等。前端通过数据运作部来获取最新的数据资源，如通过人才寻访、微博、微信、APP 运营、短信等方式传播岗位需求，对于特殊性岗位，会通过专门的渠道进行招聘，即通过线上、线下结合的方式来获取资源。当获取跟岗位相关的资源之后，会由电营中心来进行电话沟通。求职者对岗位产生兴趣后，由电营中心的工作人员添加求职者的微信，后期对他们进行长期、持续的影响。最后，通过招聘执行部进行现场的宣讲、Q&A 答疑，让求职者对企业及岗位产生兴趣。人力资源服务外包公司对求职者会进行持续的跟进，让候选人能够顺利快速地进入发包单位。某人力资源服务外包公司招聘外包部的组织架构如图 5.1 所示：

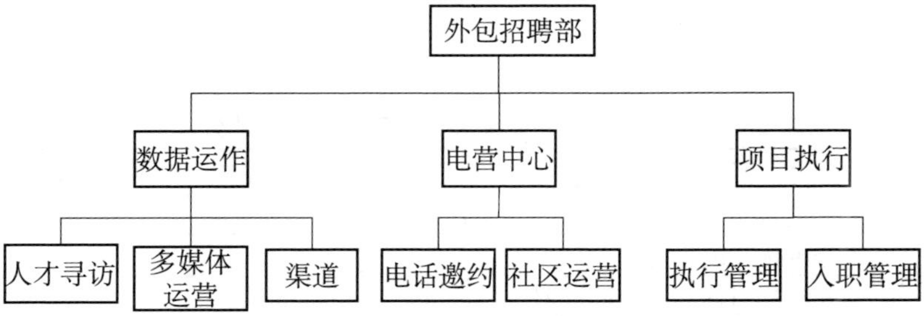

图 5.1　某人力资源服务外包公司招聘外包部组织架构

（4）响应速度和交付体量。

企业从招聘需求提出、职位发布、获取简历、简历筛选、电话邀约、现场组织、宣讲面试、Offer跟进，到入职办理，至少需要一个月的时间，能够交付的体量在20人～30人。

而人力资源服务外包公司完成整个流程仅需一周的时间，交付体量在50人～100人以上。可见，人力资源服务外包公司在招聘上的核心能力在于能够利用平台优势，把招聘工作分解成专业的业务模块，迅速整合资源，保时保量地完成交付目标。

5.3 发包单位在外包招聘下的职能分工与意志实现

发包单位在与人力资源服务外包公司合作之后，可能会产生一些疑问：发包单位的人力资源部门在招聘过程中需要做什么？与人力资源服务外包公司的分工是怎样的？人力资源服务外包公司招聘的质量是否有保证？

对于发包单位与人力资源服务外包公司招聘的分工，总体遵循的原则为“发包单位确定服务标准，人力资源服务外包公司招聘执行，发包单位最终验收通过”。发包单位和人力资源服务外包公司在招聘职能中的具体分工如表5.1所示。

表5.1 发包单位人力资源服务外包公司招聘的分工协作

招聘阶段	职能内容	发包单位	人力资源服务外包公司
招聘前	服务标准的确定	√	√
	招聘的目标和实施的计划	√	√

续表

招聘阶段	职能内容	发包单位	人力资源服务外包公司
招聘中	招聘信息的发布		√
	线上人才资源的搜索		√
	微信公众号等多媒体的营销		√
	线下资源的拓展		√
	短信及短信电话的邀约		√
	候选人互推的运营		√
	专场招聘会的组织与安排（宣讲、答疑）		√
	面试		√
	最终验收	√	
	入职前的跟进		√
招聘后	周度、月度总结		√
	入职员工分析		√
	项目专属资源的维护和补充		√

那么，人力资源服务外包公司是如何保证组建的服务团队能符合发包单位的服务要求呢？主要通过以下四个环节进行把控：

（1）需求调研：人力资源服务外包公司会参与发包单位外包服务需求的前期调研，深入发包单位业务内部，与业务总监、业务主管、优秀员工进行沟通，了解发包单位对组建服务团队的标准需求，只有明确服务标准，在后面的招聘过程中才会减少招聘标准的偏差。

（2）面试跟听：人力资源服务外包公司会邀请发包单位参与面试跟听，在跟听的过程中，发包单位对人力资源服务外包公司的面试选拔标准进行指导和纠偏，从而尽快掌握发包单位的服务标准，保时保量地组建服务团队。

（3）离职分析：人力资源服务外包公司会定期对外包项目的离职人员进行分析，从而梳理出来不适合该外包项目的画像。

（4）招聘标准随着业务的发展而变化：人力资源服务外包公司也会随着外包业务的调整，而对人员招聘的标准进行调整。

基于以上四个方面，人力资源服务外包公司通过事前、事中、事后等过程对招聘标准进行把握，从而保证为发包单位提供符合服务要求的团队。

5.4　外包招聘的方法与实施

5.4.1　系统平台建设

对于人力资源服务外包公司而言，系统建设至关重要。以技术驱动人力资源服务效能的提高，只有通过平台化操作才能达到批量、快速招聘的效果。通常大型人力资源服务外包公司的系统化建设包括以下几个方面：

1. 数据系统：简历获取、专属服务、标签标识、精准匹配

人力资源服务外包公司一般通过自主研发的 APP、微信公众号等方式进行简历资源的获取，而在获取之前，需要进行大力的平台推广，推广方式通常如下：

(1) 校园资源推广。

通过与学校合作的方式，联合举办大型校园双选会。与企业联合，针对目标学校、目标专业，举行专场招聘会；同时组建校园大使团队，推广平台，拉新增粉，获取求职端资源。

(2) 广告推广。

线上广告推广，主要针对目标人群和企业用户关注的信息，通过搜索引擎关键词广告、信息流广告等展示品牌和服务优势，吸引用户使用；线下广告推广，结合目标人群在出行、上班时的信息获取渠道，在地铁、电梯等处的媒体投放广告，精准触及目标用户；口碑软文推广，筛选成功用户案例，并提炼适用于其他用户的痛点解决方案，通过在互联网发布软文等方式，不断优化口碑环境。

(3) 第三方人力资源公司。

有特殊岗位需求时，人力资源服务外包公司也会通过第三方公司获取相应的数据资源，并且与现有的数据系统进行实时的对接。

通过系统获取资源之后，人力资源服务外包公司会有专门的团队进行资源的维护，对求职者进行专属服务，跟求职者建立长期联系，记录求职者的工作现状，并且针对求职者以往的薪酬福利、喜好和求职意向，在系统中进行标签的标识。求职者信息标识越详细，岗位匹配的精准度就越高。如某人力资源服务外包公司承接了某游戏公司的服务外包，该游戏公司明确需要玩过某款游戏并达到一定级别的人员方可提供服务，该人力资源服务外包公司就可以在数据库中精准筛选符合条件的求职者邀约面试，大大提高面试的效能和匹配度。

2. 电营系统：候选人进程管理、电话拉粉、社群运营

数据端口将精准匹配过后的简历，给到电营专员，电营专员对求职者进行电话邀约，并通过拉新增粉的形式，对求职者进行维护。最后，运用社群运营的方式，保证求职者的预约到访。

3. 招聘流程系统：微信签到、无纸化简历完善、24 小时线上反馈结果、资源保护与二次利用

招聘执行部通过线上排期，确定招聘会之后，电营专员把邀约名单录入招聘系统，通过电话、短信等方式进行邀约到访。到访求职者需扫微信二维码进行面试签到。求职者通过微信端口即可完善简历，整个流程实现无纸化。招聘项目经理通过面试叫号系统，让求职者进行面试等待，在面试的过程中招聘项目经理会将面试的结果记录在招聘流程系统中，面试过后招聘项目经理会在 24 小时之内将面试人员结果信息录入系统。求职者可通过微信端口即时查询面试结果，实现 24 小时反馈。对于已有 Offer 的人员，人力资源服务外包公司会通过系统将这部分人员标识为 Offer 状态，对未有 Offer 的人员会进行继续推荐邀约。对于拒绝 Offer 的人员，进行电话回访并标签标识。对于成功入职的候选人，会在简历端口标识入职。如此，通过系统实现资源的保护与二次利用。

4. 招聘系统与内部其他系统的对接

人力资源服务外包公司除了配有招聘系统之外，通常还会配置外包管理系统、财务结算系统。招聘系统与外包管理系统实时对接，招聘项目经理在招聘系统中确认发放 Offer 之后，Offer 信息会同步到外包管理系统，外包的驻巡场 HR 会跟进员工入职，将外包员工的入职信息反推到招聘系统中，而已入职的外包员工信息在招聘系统中休眠，在职期间不再收到新的招聘邀约，形成闭环。

通过招聘系统、外包管理系统与财务结算系统的对接，人力资源服务外包公司可以及时、高效地与客户进行结算，确保外包员工薪酬计算与发放及时、准确。

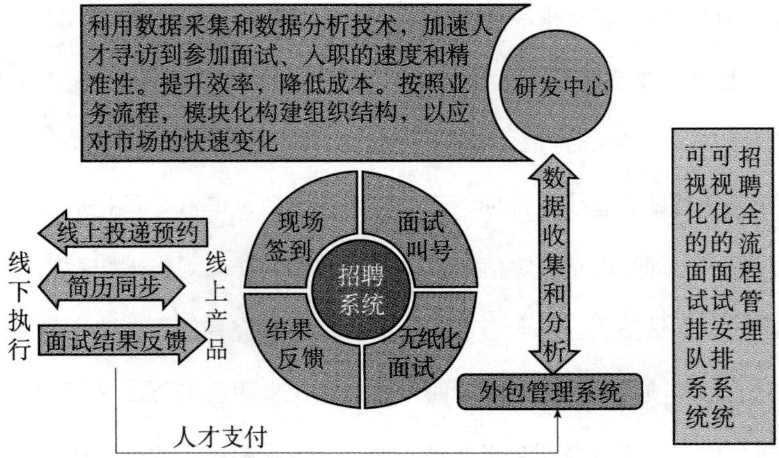

图 5.2 人力资源服务外包公司招聘系统平台运作模式

5.4.2 人力资源服务外包公司的招聘流程

人力资源服务外包公司采用的项目制招聘管理流程主要包括前期招聘需求的调研、招聘目标的设定、招聘实施、招聘的总结和反馈这四个环节。介绍具体情况如下：

1. 招聘需求的调研：深入业务、做发包单位的 HRBP（人力资源业务合作伙伴）

人力资源服务外包公司在了解发包单位需求的过程中，需要深入发包单位业务内部，与业务总监、业务主管、优秀员工甚至离职员工近距离地交流与沟通，了解发包单位所处行业的发展趋势、企业产品或服务在行业中的优势或特点、优秀人员的画像标准等信息，从而实现精准匹配，为发包单位匹配最合适的服务团队。

2. 招聘的目标设定与管理：PDCA 循环

人力资源服务外包公司对招聘目标的管理通常会借鉴品质管理 PDCA 循环来进行。所谓 PDCA 是由英语单词 Plan（计划）、Do（执行）、Check（检查）和 Action（实施行动）的首字母组成的。人力资源服务外包公司的招聘目标就是按照 PDCA 这样的顺序进行实施。

P（Plan）——每月初根据项目制定招聘目标，申请招聘费用，制订招聘计划。

D（Do）——各个部门根据制定的目标，实施招聘计划。

C（Check）——各部门通过数据的回顾体现执行的变化或与目标的差距，同时也便于找到问题，梳理应对，并制订改善计划。

A（Action）——各部门根据改善的计划进行执行。

在人力资源服务外包公司招聘流程的管理过程中，以上四个环节是循环往复的，以保证招聘各环节数据持续改善，从而达成月初制定的目标。

3. 招聘的实施

人力资源服务外包公司对员工招聘的实施，大致流程同传统招聘方式相似，都需要经过招聘信息发布、简历筛选、邀约到访、现场宣讲、面试甄选和录用跟培等六个核心步骤（见图5.3），但区别于传统的招聘方式的是，外包公司在每一个步骤的实施过程中都更加注重人岗的匹配、流程的高效便捷以及求职者的应聘体验。

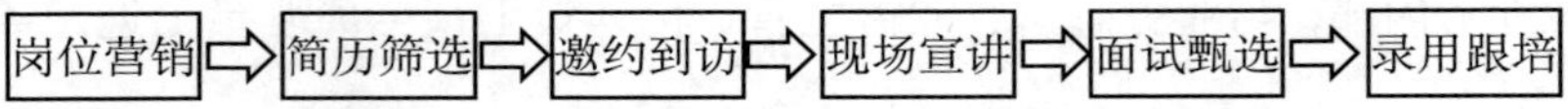

图5.3 人力资源服务外包公司招聘流程

（1）岗位营销。

1）渠道营销。

如前文所述，人力资源服务外包公司会通过多种渠道获取大量候选人资源，会通过多种渠道营销的方式获得简历资源。除了通用的校园推广、广告推广以及第三方供应商之外，还有以下几种方式：

第一种，目标人群的定向推广。如某打车软件公司要招聘司机，外包公司会到机场、高铁站等地进行推广，以获得目标求职者关注。

第二种，多媒体运营。如获取当地活跃的生活类公众号、微博平台，并与其进行合作，在该公众号、微博平台进行岗位的推广。

对于通过以上方式获得的求职者粉丝，人力资源服务外包公司会通过社群的方式进行运营，如建立QQ群或者微信群，群主会进行答疑解惑，同时通过送红包、攒积分的形式，让社群里的求职者进行传播，扩大招聘的影响力度。

2）内容营销。

想要最大范围覆盖求职者，提升招聘的影响力，人力资源服务外包公司需要从招聘信息发布的时间、岗位名称的设计、对工作内容和福利待遇的描述等方面入手，进行招聘内容营销。

首先，从招聘信息发布的时间上。任何平台的粉丝都会有一个或几个相对活跃的时间段，这个时间段可以具体到一周的某些天，也可以聚焦到一天的某些时间段。人力资源服务外包公司通过对每个时间段的测试，已经很好地掌握了这些规律，会在不同的时间段投放相关的岗位信息。

其次，从岗位名称的设计上。人力资源服务外包公司已经掌握了求职者的行为习惯和心理，一般情况下，求职者会采用搜索框进行工作搜索，在相同岗位名称中，如果岗位的描述中包括一些亮点的部分，例如不加班、入职购买“六险一金”等，那么就更容易被求职者关注到。基于这些特点，人力资源服务外包公司会在岗位名称上突出岗位亮点信息，从而吸引更多的求职者。

再次，有关岗位的工作内容。传统的岗位描述方式包括岗位职责和任职资格两个部分，虽然让人觉得非常专业，但缺少一些针对性的说明。对于现在的求职者而言，他们更加关注岗位本身的内容和亮点，例如对于销售类的岗位，候选人都非常关注客户资源会由谁来提供，并且这些资源的质量情况如何。人力资源服务外包公司根据岗位的特点，在工作内容的描述中添加一些关于客户资源的说明，会大大提高岗位的投递量。

最后，薪酬福利部分。人力资源服务外包公司在重点突出企业福利的部分的同时会“弱化”企业福利不足的部分。如以客服项目为例，呼叫中心类客户一般会涉及排班轮班，比如班次时间为13：00—22：00，人力资源服务外包公司会将其称为“懒觉班”，让求职者想象在冬天起不来床的时候如果有这样的班次也是非常好的，这样会让求职者感觉企业很人性化。

（2）简历筛选。

一般企业进行简历的筛选时往往会从候选人的硬性条件如年龄、性别、学历、求职意向等方面入手。而人力资源服务外包公司主要依托其强大的后台系统，通过大数据分析，除了传统的筛选维度之外，还增加了求职者在平台的求职轨迹分析，并结合求职者所在区域、过往薪酬福利范围、求职意向、性格标签等信息，进行双向的匹配。这样做，不仅关注发包单位的需求，同时也考虑到求职者自身的意向度，能够提高匹配精准度，从而提高员工的到访率、Offer 率、报到率，也降低员工后期的流失率。除此之外，人力资源服务外包公司也可以从后台系统调出处于参加相关岗位面试成功但放弃入职以及面试失败等状态的求职者的信息，可以大大丰富进行筛选匹配的范围。

（3）邀约到访。

企业一般依赖短信或电话进行邀约，通过电话进行的沟通的时间一般只有四五分钟。从通话结束后到第二天面试，整个过程还有近一天的时间里，企业人力资源部门对候选人的影响是处于失控状态的。在人才竞争如此激烈的时代，一个求职者在一天中可能会接到其他企业的邀约电话。而人力资源服务外包公司会依托其平台系统优势，在与求职者通话结束后，主动添加求职者的微信，并通过微信进行一对一的沟通，将企业的视频、图片、文字等信息以系列的方式分享给求职者。如此，既满足了求职体验的多元化需求，又可以在从邀约到到访的过程中随时把控候选人的心理和状态，提升邀约到访率。同时，对于面试未通过或不感兴趣的求职者，同样可以给他们推荐更加适合的岗位，以提升资源的利用效能。

（4）现场宣讲。

企业招聘宣讲内容往往会和入职培训的内容相混淆，一味地强调企业的组织架构、管理者的背景等信息。这些宣讲内容其实对于现在新生代求职者来说吸引力是不够的。人力资源服务外包公司会用更懂求职者的语言来进行招聘宣讲。人力资源服务外包公司会配置专门的项目经理进行宣讲，而项目经理的宣讲内容常常会是求职者最关心的五要素，即工作性质和内容、薪酬待遇、工作时间、工作地点以及晋升发展，并且在每个要素中体现求职者切实关心的细节。每次宣讲时间会控制在 6 分钟～8 分钟，避免因为求职者等待时间过久而产生流失。另外，人力资源服务外包公司的宣讲是双方相互选择的机会，人力资源服务外包公司服务企业多，岗位丰富，求职者可以有更多的选择。

（5）面试甄选。

人力资源服务外包公司招聘项目经理对候选人进行面试甄选，根据发包单位的服务标准不断地优化面试标准，从而提高甄选的效率，并确保最终通过发包单位的验收。

（6）录用跟培。

一般情况下，人力资源服务外包公司针对已通过面试并符合发放 Offer 标准的候选人，会由公司项目经理再次与候选人进行电话的沟通，确认候选人的入职意向后以邮件的形式发放 Offer 通知函。而且，人力资源服务外包公司会有一个次日入职员工一览表，该表会详细记录每位报到人员的基本材料以及过往工作经验等信息。人力资源服务外包公司项目经理会将这项资料在候选人入职前一天交接给驻巡场 HR。这样，驻巡场 HR 就能够迅速地了解候选人，跟他们能够更快地建立联系。

4. **招聘项目的总结与反馈：定时定期、闭环管理**

人力资源服务外包公司在每个项目执行的周期内，会定期与客户进行回顾和总结，一方面通过总结，向发包单位汇报本公司在一段时间内取得的成绩；另一方面，在汇报的过程中，也呈现现阶段执行过程中存在的问题、需要发包单位配合的地方，同时提出后期的改善建议，使每个项目形成一个闭环的反馈机制。

5.5　某金融服务公司招聘项目案例分析

5.5.1　项目背景

某知名有限公司（以下简称 A 公司）作为中国银监会批准设立的首批金融服务公司之一，于 2010 年年底正式开业。时值国内经济结构调整及国民消费水平不断提升：在过去 5 年间，社会消费品零售总额从 18.4 万亿元上升到 33.2 万亿元，增长了将近一倍，年均复合增长率为 10.3%。伴随而来的是，国民超前消费意识的增强。过去十年间，中国通过负债进行消费的人群上涨 10%。而到 2016 年年末，中国消费贷款余额大约 5.4 万亿元。在金融服务业务异军突起的同时，A 公司也在全国先后建立了三大客户服务中心，有将近一万名客服人员为客户提供 7 * 24 小时全年无休的专业服务。

某人力资源服务外包公司于 2015 年年初与 A 公司建立战略合作关系，对 A 公司进行了充分的调研，对其招聘需求进行分析：

（1）快速招聘：快速响应业务，支持企业金融服务业务的快速发展。

（2）需求量大：人员需求量大，支持业务持续增长。

5.5.2 招聘体验

在项目实施的过程中，A 公司主要的体验有以下几点：

（1）快速响应：为了响应 A 公司的需求，外包公司迅速开启内部沟通会，并且在 3 天内启动执行。

（2）资源整合：外包公司通过多媒体社区运营的方式，积聚了大量的简历，日均获取简历量在 500 份左右；并保证求职人员的到访，日均到访 100 人左右。

（3）面试体验：外包公司推荐过来的人员均通过初筛，求职者对于面试的岗位的求职意向都比较强，与招聘岗位的匹配度较好，Offer 发放率在 60%左右，面试体验感较好。

（4）入职保证：外包公司会对收到 Offer 人员进行随时的跟进，最终报到率在 70%左右。

5.5.3 招聘效果

截至 2017 年 11 月，A 公司与该人力资源服务外包公司已经合作了快三年。在合作期间，两家公司共同成长，塑造了行业招聘最佳的合作案例。A 公司给予的中国最佳供应商锦旗也挂在了该人力资源服务外包公司的文化墙上，该人力资源服务外包公司在这个过程中为 A 公司创造了如下的服务价值：

（1）最终月均累计交付人数 600 人～700 人。合作至今，累计交付入职人数达到 7 000 人，保证 A 公司业务的持续增长。

（2）人力资源服务外包公司结合移动互联网的运用，口碑相传，提升了 A 公司在各区域的雇主品牌形象。

6. 人力资源服务外包中的基础人事管理

6.1　发包单位在外包服务中的人事管理职能与操作

人事管理工作看似基础，但如果操作不规范，隐含较大的用工风险。在人力资源服务外包合作模式下，发包单位与人力资源服务外包公司双方更加需要做好分工与配合，明确边界。

发包单位在与人力资源服务外包公司合作后，容易陷入一些误区，第一种误区为：基础人事管理工作全权交由人力资源服务外包公司操作。人力资源服务外包公司适用的规章制度和管理规范同发包单位的不一致，发包单位失去管理的话语权的，严重者会影响到业务的开展。第二种误区为：发包单位直接履行基础人事管理职能。例如人力资源服务外包公司完成入职劳动合同签署后，发包单位再与外包员工签订“员工纪律制度”“保密协议”等，甚至直接解除外包员工等。这种操作方式可能会被认定为假外包真派遣，给发包单位带来较大的风险。那么在基础人事服务过程中，发包单位在外包管理下的人事管理职能和操作是怎样的呢？下面将从入职管理、合同管理、社保/公积金/商业保险管理、考勤管理、薪酬管理、离职管理、员工档案及报表管理、员工日常咨询管理等方面进行详细的阐述。

6.1.1 入职管理

在入职管理环节，人力资源服务外包公司确定入职需要收集的材料及进行员工入职手续的办理，如发包单位涉及特殊行业或特殊服务岗位，人力资源服务外包公司需根据项目个性化的特点，与发包单位共同确定入职所需材料及入职流程。发包单位应配合做好入职后期工作安排的衔接。

6.1.2 合同管理

在员工入职时，由人力资源服务外包公司与员工签订劳动合同和保密协议，在相关合同条款的约定上，原则上按照人力资源服务外包公司的标准进行，如发包单位有特殊服务标准的，在合法的基础上，人力资源服务外包公司应调整相应的条款以匹配外包服务需求。

在与员工签订劳动合同之后，人力资源服务外包公司会在一个月之内将劳动合同盖章后返还给员工，并且进行员工劳动合同的归档返还。

6.1.3 社保/公积金/商业保险管理

人力资源服务外包公司需依法根据各地政策要求为员工购买社保/公积金，人力资源服务外包公司按要求进行社保/公积金申报、账单出具，发包单位可定期进行审核。同时，由人力资源服务外包公司处理员工社保转移、工伤报销、剩余报销、公积金贷款、支取等操作。

人力资源服务外包公司还会根据岗位需要或按发包单位的服务要求为员工购买商业保险（以下简称商保），以降低用工风险。通常情况下，人力资源服务外包公司会在以下四种情况下为员工购买商保：第一种是过了当月缴纳社保节点的劳动合同员工。人力资源服务外包公司会为其购买雇主责任险，以免发生当月无社保但是出现工伤的风险。第二种是特殊工种的劳动合同员工（如车辆运营人员、“地推”类人员等户外工种）。人力资源服务外包公司会根据工种的风险等级，为其匹配不同的商保方案，避免社保无法覆盖到的风险。第三种是无社保劳务用工员工（如实习生、兼职）。人力资源服务外包公司会为其购买意外险，减少社保无法赔付的用工风险。第四种是为员工提供更多的福利保障，如补充医疗、子女保险等，从而提高员工的满意度。

人力资源服务外包公司负责进行商保的申报、理赔、报销等操作。

6.1.4 考勤管理

考勤是基础人事工作很重要的一部分，它具有很高的日常性，与员工的薪酬直接挂钩，因此，考勤的规范性和准确性非常重要。人力资源服务外包公司根据发包单位的服务要求，并结合发包单位的自身做法，制定考勤、请休假、加班的标准，并且与发包单位共同进行请休假、加班的审批，由人力资源服务外包公司进行考勤数据的统计和操作、请休假和加班的备案工作，并报给发包单位审核后，参与薪酬的计算。

6.1.5 薪酬管理

基础人事管理中的薪酬管理主要包含薪酬核算和薪酬发放。人力资源服务外包公司根据发包单位的服务要求或结合发包单位自身的薪酬架构设置，进行该外包项目的薪酬架构设置、薪酬核算、定期向发包单位出具服务结算单，经发包单位审核无误之后，人力资源服务外包公司进行薪酬的发放、个税的申报。

6.1.6 离职管理

一般外包员工主动提出离职时，人力资源服务外包公司与发包单位沟通链接，做好工作交接后，由人力资源服务外包公司为外包员工办理离职手续，并为其开具离职证明。同时，人力资源服务外包公司会与员工做好离职访谈，记录员工离职原因，并且进行离职原因分析，出具离职分析报告。

如发包单位因项目到期不再使用、员工严重违纪、员工服务不能达到满意的标准等情况，需退回外包员工，发包单位应提前通知人力资源服务外包公司，并且提供相应的证据，由人力资源服务外包公司与外包员工进行沟通并签订协商解除协议、办理离职手续。如果外包员工出现因旷工离职的情况，由人力资源服务外包公司通知外包员工返岗并完结离职手续。

6.1.7 员工档案及报表管理

由人力资源服务外包公司对员工的入职资料、劳动合同、社保缴纳、报销凭证、商保文档、离职文档等资料进行归档、电子化编码。如发包单位需要，人力资源服务外包公司可随时为其提供查询。同时，人力资源服务外包公司会对员工花名册、员工的入职率/离职率、出勤统计、人工成本进行统计分析，提供给发包单位，让发包单位了解外包服务团队的信息、用工成本现状，便于发包单位进行费用测算和服务团队配置，为其业务发展规划提供依据。

6.1.8 员工日常咨询管理

与员工日常的沟通一般由人力资源服务外包公司负责，如解答员工对社保、公积金、薪酬等方面的疑问。如员工遇到工作上或心理上的问题，人力资源服务外包公司也会有相应的员工关系专员为其进行疏导。但如员工遇到的是业务相关的问题，则通常由发包单位进行业务指导。

从以上发包单位在外包管理下的人事管理职能与操作来看，专业的人力资源服务外包公司会特别考虑发包单位的管理一致性，在确定员工的合同条款、社保/公积金缴纳基数与比例、薪酬、休假审批与离职审批等方面，均会以不影响发包单位的业务开展为基本原则，充分尊重和参考发包单位的业务管理模式。所以，发包单位不用担心将人力资源服务外包会完全按照人力资源服务外包公司的标准执行，而降低发包单位业务的一致性管理。同时因为也减少了进行人事事务性操作花费的时间成本和人力成本，发包单位能够更加聚焦于核心的业务以及战略性人力资源管理。同时，人力资源服务外包公司有标准化的基础人事操作流程，会使整个人事基础服务更合法合规，操作效率更高，从而达到双赢的目的。在基础人事服务管理模块，目前市场上常见的发包单位与人力资源服务外包公司的分工通常如表 6.1 所示：

表 6.1　市场上常见的发包单位与人力资源服务外包公司的分工

<table>
<tr><th>模块</th><th>内容</th><th>发包单位</th><th>人力资源服务外包公司</th></tr>
<tr><td rowspan="2">入职管理</td><td>入职资料收集</td><td>提出服务需求</td><td>—</td></tr>
<tr><td>入职宣导</td><td></td><td>—</td></tr>
<tr><td rowspan="2">合同管理</td><td>合同签订</td><td>提出个性化需求</td><td>签订</td></tr>
<tr><td>合同解除</td><td>提出退回需求</td><td>与员工协商解除</td></tr>
<tr><td rowspan="4">社保/公积金/商保管理</td><td>社保/公积金</td><td>审核</td><td>计算、缴纳</td></tr>
<tr><td>商保</td><td>审核</td><td>方案制定、购买</td></tr>
<tr><td>工伤</td><td>审核</td><td>事件处理、费用核算与发放</td></tr>
<tr><td>生育</td><td>审核</td><td>事件处理、费用核算与发放</td></tr>
<tr><td rowspan="3">考勤管理</td><td>考勤规则</td><td colspan="2" rowspan="3">标准制定，共同审批（外包公司负责数据统计及备案）</td></tr>
<tr><td>请休假</td></tr>
<tr><td>加班</td></tr>
<tr><td rowspan="2">薪酬管理</td><td>工资账单</td><td>审核账单</td><td>计算、发放薪酬</td></tr>
<tr><td>个税申报</td><td></td><td>操作</td></tr>
<tr><td rowspan="2">离职管理</td><td>离职办理</td><td>安排工作交接</td><td>—</td></tr>
<tr><td>离职访谈</td><td></td><td>—</td></tr>
<tr><td rowspan="2">档案及报表管理</td><td>档案管理</td><td>查阅、调档</td><td>归档、电子化编码</td></tr>
<tr><td>报表管理</td><td>查阅、调取</td><td>统计、分析</td></tr>
</table>

续表

模块	内容	发包单位	人力资源服务外包公司
员工咨询	员工日常问题咨询	业务指导	解答

6.2 技术平台在外包基础人事服务中的应用

6.2.1 人力资源服务外包系统平台的架构

基础人事服务的内容琐碎而繁杂，对于专门从事人力资源服务外包的公司而言，为了提高基础人事管理的效率，提升服务质量，人力资源服务外包公司必须有强大的系统作为支撑。同时，由于人力资源服务外包公司、发包单位、员工三方之间的特殊关系，对于三者的沟通以及业务的联系，通过人力资源服务外包系统平台，将三者联系起来，能提高人事基础服务的效率。人力资源服务外包系统平台组织架构如图 6.1 所示。

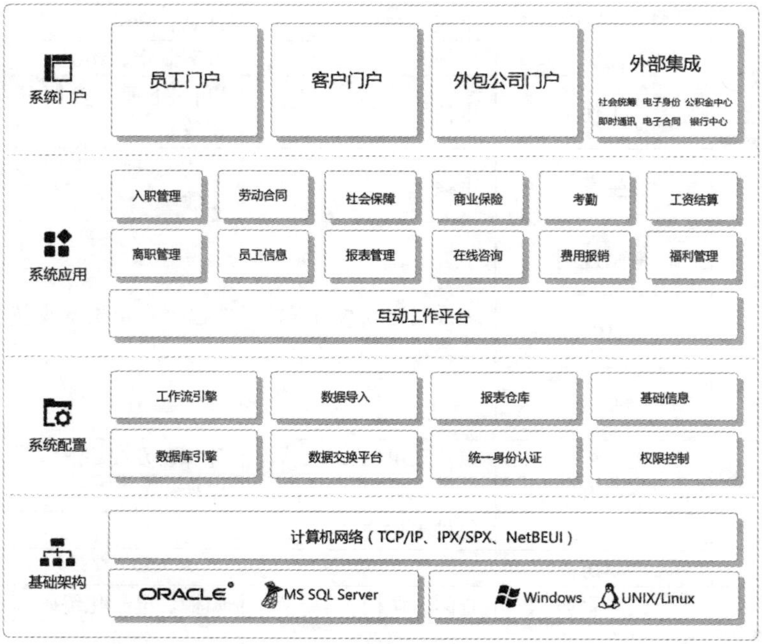

图 6.1 人力资源服务外包系统平台组织架构

6.2.2 人力资源服务外包系统平台的功能

基础人事服务技术平台的建设主要服务于基础人事管理的服务内容，通过该系统平台，人力资源服务外包公司可以高效、高质量地完成基础人事服务，外包员工通过自助门户可以进行查询、申请、咨询，发包单位通过客户门户可以进行查询、审批。系统平台将人力资源服务外包公司、外包员工和发包单位关联在一起，共同完成整个基础人事服务。基础人事服务技术平台的功能和作用如图 6.2 所示。

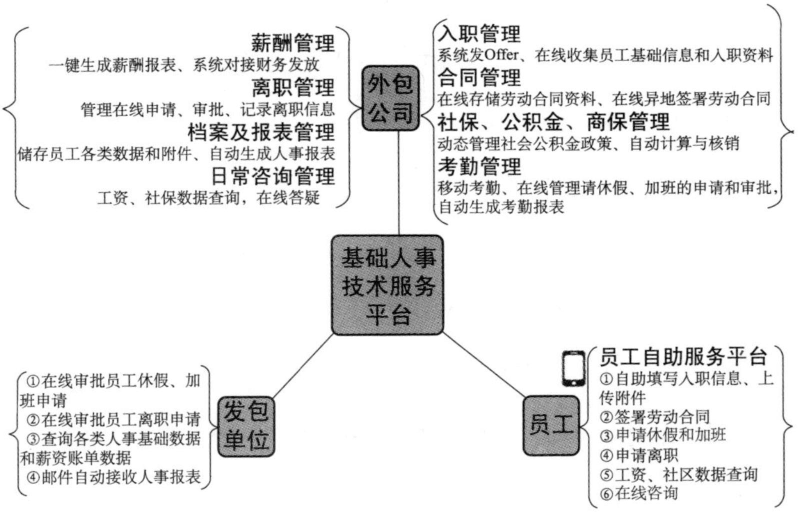

图 6.2 基础人事服务技术平台的功能

1. 人力资源服务外包公司基于基础服务技术平台实现准确、高效的人事服务

(1) 电子化入职流程办理。

员工的入职流程如图 6.3 所示，包括发放 Offer、入职员工资料收集、签署劳动合同、入职培训、入职人员档案建立等步骤。

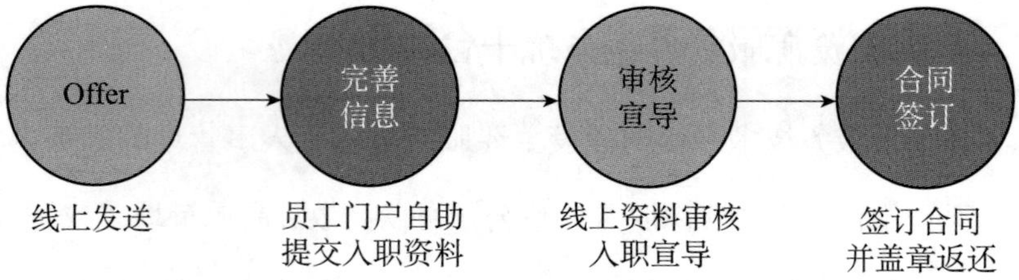

图 6.3　电子化入职办理流程

对于 Offer 的发放，可以提前在系统中配置好一个或者多个Offer的模板，当有批量员工入职的时候，可以直接将 Offer 中的变量维护进系统，让系统在设定的时间节点批量地发放到入职员工的邮箱地址中。如此，既可以减少线下为每名入职员工单独制作 Offer 所耗费的时间和精力，又方便所有相关人员查阅和统计 Offer 的记录和数据。

入职过程中比较重要也是比较耗时的工作是入职员工材料的收集和整理，一般包括员工信息登记表、身份证正反面复印件、银行卡复印件等等。通过人事服务技术平台的建设，可以在给员工发放 Offer 的时候，同步提供一个入职自助平台的账号给员工，在正式入职前员工自己就可以在该平台根据操作说明填写入职所需要收集的基本信息、上传相片、身份证正反面复印件和银行卡复印件等所需信息；并可以将员工手册和培训视频放在平台上，供员工提前了解。通过系统化的建设，可以大大减少入职员工材料收集和信息整理的时间。对于在平台上信息填写和材料上传不完整的情况，系统也可以做到实时跟进和提醒，减少人工沟通的成本，提升员工入职流程办理的效率。图 6.4 展示了一个人力资源服务外包公司新外包员工入职办理信息和资料在微信公众平台自主提交的过程，系统化的方式和直观的界面大大提高了员工的办理效率，驻巡场 HR 的精力和时间就得到释放。

图 6.4 员工自助提交入职信息与资料流程

（2）电子化合同管理。

根据《中华人民共和国劳动法》（以下简称《劳动法》）第 16 条第 1 款的规定，劳动合同是劳动者与用人单位之间确立劳动关系、明确双方权利和义务的协议。在基础人事服务模块中，劳动合同的签署与及时返还是必不可少的一个环节。

传统劳动合同的签署方式是企业人力资源部门直接当面跟员工签署纸质合同，但是这种方式容易导致纸质合同遗失、管理查阅不方便。随着经济的发展，大型跨地区甚至跨国公司日益增多，异地入职和异地合同的签署也越来越多。这种传统方式快递成本高、周期长，费时费力，也无法识别劳动者的真实身份，存在员工单方面毁约的风险。

在此背景下，电子合同在人力资源服务行业也得到越来越多的应用和推广。人力资源服务外包公司在招聘异地员工时，人力资源服务外包公司员工（C 端用户）与人力资源平台、人力资源平台与人力资源服务外包公司（B 端企业）及员工之间，通过电子合同平台在线上签署相关人事合同。如此，可以减少纸质成本和快递费用，也能确保异地员工的真实身份，最大化避免劳动纠纷。

(3) 社保/公积金/商保的系统核算。

全国有一百多个城市，每个城市的社保、公积金缴纳政策、基数的上下限、比例都是因地制宜，不太一样，每个人的社保、公积金的基数也不尽相同。这给员工的社保和公积金的计算与缴纳带来了很大的挑战。

人力资源服务外包公司通过系统化的建设，可以以城市为单位，根据各地不同的社保、公积金政策，定制化配置具体的社保、公积金数据计算方案，根据员工的入、离职信息，可以实时在系统中维护员工的增、减员信息，正确计算出员工当月应缴纳的社保和公积金数据。在由于材料缺失或其他原因导致无法及时增、减员的情况下，需要根据应缴数据作核销，以便于及时跟进员工的增员和减员操作。随着缴纳人数和城市的增多，线下很难准确地作出社保、公积金滚动核销，需要借助技术平台来完成社保、公积金滚动核销的操作。

此外，借助技术平台对商保的支出、赔付数据作大数据分析，可以对商保方案的选择和购买达到最优化。

(4) 移动考勤的应用。

考勤管理是用工管理中的一个重要模块，对于业务的正常开展和员工薪酬的计算来说都是不可或缺的。基于员工排班的方式，考勤记录和加班、休假的记录三位一体，就可以生成一份企业想要的考勤报表。在没有强大的考勤系统之时，这些工作都需要人力资源服务外包公司工作人员线下将独立的排班方式、考勤记录和加班、休假记录整合到一起，形成一份考勤报表。采手工方式不仅工作量大，而且准确性也会随着数据的增多大打折扣。目前随着信息技术的发展，考勤的方式在企业中发生了巨大的变化，其中移动考勤的应用就是最为明显的趋势。

传统的考勤方式多以固定位置打卡为主，这种方式很难满足跨区域、多网点、分散式项目的考勤，比较局限。人力资源服务外包公司为了实现高效的考勤管理，使用移动考勤 APP，员工可以通过手机端实现定位打卡，并且实时记录行动轨迹，后台生成考勤报表。图 6.5 展示了一个员工打卡的记录，可以看出，人力资源服务外包公司能够实时监测考勤异常数据，进行考勤管理和干预。

图 6.5　员工手机端定位打卡示意图

发包单位也可通过手机客户端进入业务员具体的考勤记录，可以查看相应的打卡时间及地点，也可以在后台 Web 系统中查询，查询方式更多样、数据更全面。外包公司薪酬专员也不用线下整理烦琐的考勤记录，就可以从系统中直接导出考勤报表。

同时，人力资源服务外包公司已经可以实现通过手机端进行加班和休假的申请与审批，系统会自动提醒审批人来审批，审批人也可以通过手机端便捷地及时审批员工的申请，申请人和审批人可以高效地完成整个加班和休假的申请、审批过程，也能查看历史的加班和休假记录，生成一份加班、休假记录表明细清单。

（5）薪酬的系统核算。

薪酬外包服务和薪酬核算系统的应用是非常广泛的。人力资源服务外包公司也纷纷从传统的 Excel 计算薪酬走上了系统化的道路，在效率和准确性方面得到了显著的提升。

对于一份完整的薪酬账单，从大的方向讲，无外乎三种数据：一是员工基础信息，二是导入项，三是计算项；从薪酬科目的类型划分，有合同性薪酬、周期性薪酬、月度附加薪酬、考勤数据、社保/公积金数据。所以对于人力资源服务外包公司而言，只需要将薪酬明细报表中各科目的方案维护进系统，每月将入职员工的所有信息、离职信息及相关有新增或者有变化的薪酬信息维护进系统，可以一键生成薪酬明细报表。基于这样一份薪酬明细报表，既可以让系统每月自动生成各类薪酬分析报告及财务做账所需相关报表，也可以生成年度或者一段区间内的报表数据。

后台工作完成后，就可以在系统中配置工资单，员工也可通过员工自助门户查询他们每月的工资明细数据。

图 6.6　外包系统薪酬结算框架示意图

（6）电子化离职办理流程。

人力资源服务外包公司通过系统化的手段，方便员工通过手机客户端在线提出离职申请，由审批人在线进行审批，能有效避免员工不辞而别，或者因为离职日期信息的不对称导致薪酬核算错误或社保/公积金没有及时减员的问题。图6.7展示了一个员工申请离职和审批的系统界面，可以看出，电子化的方式大大简化了员工离职的流程和手续，提高了人事管理的效率。

图6.7　某人力资源服务外包公司系统员工离职申请与审批界面示意图

（7）电子化档案管理及人事报表统计分析。

员工在公司整个工作周期内，有很多的人事档案是需要存档的，哪怕员工已离职，有一些档案也需要持续留存几年，比如劳动合同、薪酬数据、社保/公积金缴纳等。而随着管理员工人数的增多，查找和管理纸质档案就成为了一项异常烦琐和困难的工作。人力资源服务外包公司为解决这一问题，在系统中建立电子化的档案管理、信息的维护和涉及附件的上传，员工所有相关信息都可轻松自定义报表进行查阅、统计和分析。

人力资源服务外包公司基于系统平台和员工的数据，定期用系统自动生成所需的人事信息报表，如员工入、离职率统计表，员工出勤统计表，人事统计表等。对于发包单位来讲，也有很多查询服务团队数据的需求，人力资源服务外包公司可以给这些单位开通账户供其自主查询，也可以定期让系统自动将人事信息报表发到发包单位的邮箱中。

2. 发包单位基于平台可以实时审批以及查阅

(1) 线上审批。

对于发包单位而言，请休假、加班等考勤的审批，可以通过移动端登录人力资源服务外包公司的系统平台，进行审批，最后由人力资源服务外包公司进行备案。同时，员工离职也可以由员工线上申请，在发包单位线上审批后，人力资源服务外包公司进行线下离职办理。如此，可以减少线下沟通的成本，提高沟通效率。

(2) 线上报表查看。

人力资源服务外包公司也可以向发包单位开放线上服务团队信息和报表查询端口，发包单位可以登录系统，进行服务团队信息、考勤数据、入/离职数据、社保报表、薪酬报表等的查看和审核，实现轻松跟踪、管理考勤及相关外包服务数据。

3. 服务平台能有效协助员工在线自主操作

(1) 线上人事流程申请。

员工的基础人事流程申请均在自助服务平台上进行操作，如入职信息的填写及资料的上传、异地合同签订、请休假申请、加班申请、离职申请、报销申请等，均可以通过人力资源服务外包公司的自助服务平台完成。

（2）自助查询以及福利体验。

员工可以通过人力资源服务外包公司自助服务平台，查询日常的工资条、考勤数据、社保/公积金等相关的政策。同时，员工也可以在线上进行相关问题的咨询，能够得到人力资源服务外包公司的及时答复。

人力资源服务外包公司还可以为员工提供集理财、培训、购物于一体的自主福利平台，员工通过该平台可以享受更多的理财、购物、培训体验。如某人力资源服务外包公司与某金融服务公司合作，员工通过该平台申请成为会员后，可以享受购物折扣，而且该平台上的部分产品的价格比常用购物网站的价格还要优惠。员工可以利用人力资源服务外包公司的平台优势，享受更多的福利体验。图 6.8 展示了这一自助操作界面，员工可以获得的日常查询之外的其他服务也都在图中有所列示。

图 6.8　员工自助服务平台示意图

6.3 人力资源服务外包公司的组织保障

6.3.1 人力资源服务外包公司团队的角色分工与考核制度

基础人事管理工作对于企业的人力资源部门来说，是日常职能模块工作中的一部分，常规的人事管理工作是按部就班进行的，稳定性非常高，长期下来容易产生工作疲劳，缺少持续改善流程和服务的动力。但人事管理工作是人力资源服务外包公司的一项产品和服务，只有不断持续优化流程，提升人事管理服务的准确率和效能，外包公司才能持续盈利，所以外包公司会不断通过系统化平台、组织保障、流程优化等方式进行公司化运作、产品化设计的提升，使外包服务团队每一个角色精细化分工，更加专业，生产能力更强。

从组织保障上来说，设置清晰的角色分工和以结果为导向的考核制度是提供强有力的组织保障的第一步。以某全国知名人力资源服务外包公司为例，该公司的外包服务团队配置有四个角色：

(1) 驻巡场 HR：人力资源服务外包公司根据项目规模为客户配置驻场或者巡场 HR，主要负责外包员工的基础人事服务、员工关系管理、员工活动及员工福利、流失率管控等日常事务。驻巡场 HR 主要考核 KPI 有：流失率、满意度、日常工作规范性等。

表 6.2 某人力资源服务外包公司驻巡场 HR 绩效考核制度摘要表

KPI	计算办法或指标解释	具体考核标准		权重
流失率 (30 分)	月度流失率＝当月离职人数/（月初在岗人数＋入职人数）	[12%，+∞)	0	30%
		[8%，12%)	60	
		[5%，8%)	80	
		[2%，5%)	90	
		[0%，2%)	100	

续表

KPI	计算办法或指标解释	具体考核标准		权重
满意度（20分）	客户满意度（占比60%）、外包员工满意度（占比40%）	非常不满意	60以下	20%
		不满意	60—70	
		一般	70—80	
		比较满意	80—90	
		非常满意	90—100	
系统数据的及时、准确性（25分）	外包系统员工基础数据及时和准确录入的完成情况	还需改进	60以下	25%
		一般	60—70	
		好	70—80	
		比较好	80—90	
		非常好	90—100	
员工日常管理（25分）	按照公司对驻巡场HR日常管理的工作要求完成工作	还需改进	60及以下	25%
		一般	60—70	
		好	70—80	
		比较好	80—90	
		非常好	90—100	

(2) 项目经理：项目经理负责管理和辅导驻巡场 HR 开展工作，提升项目服务价值；主要负责组织协调招聘团队 100%完成招聘目标，建立项目标准化服务流程并督促驻巡场 HR 落地执行，管控流失率，处理项目重大突发问题，持续改善项目服务提升客户满意度，定期提供专业服务报告等。项目经理主要考核的 KPI 有：满编率、流失率、满意度、专业服务价值等。

(3) 社保专员/经理：社保专员负责日常社保/公积金申报操作、报销等，社保经理负责社保账单制作、社保核销、供应商管控等；社保专员/经理主要考核的 KPI 有：服务体量、增减员异动量、及时性和准确性等。

(4) 薪酬专员：薪酬专员负责薪酬账单制作，与客户确认账单，安排薪酬的发放。薪酬专员主要考核的 KPI 有：账单的准确性、工资发放及时性、服务体量等。

人力资源服务外包公司通过角色分工，把人力资源服务外包的工作切割成不同的工作模块，同时每个模块之间又紧密联系、环环相扣。专业分工让专业的人做专业的事，从人员选拔开始就聚焦该岗位的核心工作内容来选型，针对不同的岗位培训和考核的内容也是不相同的。通过单一模块的工作内容训练，可以最大限度地提升人均服务产能和专业度，从而提高客户满意度。

6.3.2 人力资源服务外包公司的流程管理

1. 建立外包协作平台

人力资源服务外包公司的业务遍及全国，项目分布广泛，涉及全国派单，多个角色之间分工配合，前端驻巡场 HR 与后台职能角色如薪酬/社保经理之间的沟通配合，如果仅凭电话、邮件的沟通，工作效率和准确性都无法得到保证。因此在项目管理方面，项目经理与驻巡场 HR 的日常沟通反馈机制、需求响应和支持、问题升级解决等，都是需要依靠系统平台来实现规范化业务管理的。因此，某全国知名人力资源服务外包公司在自建的外包服务系统平台上，开设了“外包业务协作平台”，以驻巡场工作为轴心，在系统平台上实现驻巡场 HR 与社保经理上报增减员对接、与薪酬专员的考勤确认、与项目经理的沟通反馈、跨区域派单的对接、执行的反馈等，同时也便于管理者及时了解和关注服务团队日常行为的及时性和规范性。

2. 标准化工作手册，实现高效日常管理

以某人力资源服务外包公司为例，为了实现日常工作的规范化和标准化，该公司制定了详细的“驻巡场工作手册”和“项目经理工作手册”。

驻巡场的工作是高度标准化的，因此，“驻巡场工作手册”对员工入离职管理、考勤休假管理、薪酬福利管理等各个模块，都梳理出详细的 SOP

以及常见问题 Q&A，基本模块如图 6.9 所示。

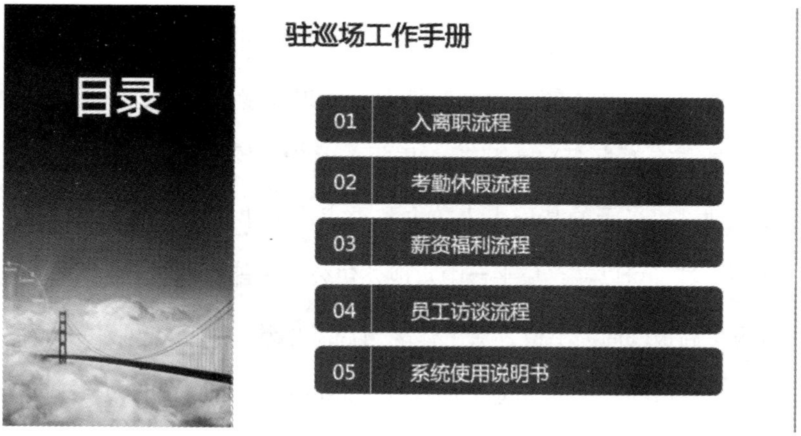

图 6.9　某人力资源服务外包公司“驻巡场工作手册”提纲示意图

项目经理的工作要点是项目管理和专业服务价值提升，因此，“项目经理工作手册”从项目启动会、标准化流程、招聘、员工满意度提升、流失率管控、特殊事件处理、项目成本分析、总结报告等维度开展，旨在通过规范化的项目管理流程，帮助发包单位优化项目服务流程，降低成本，提升效率。基本模块如图 6.10 所示。

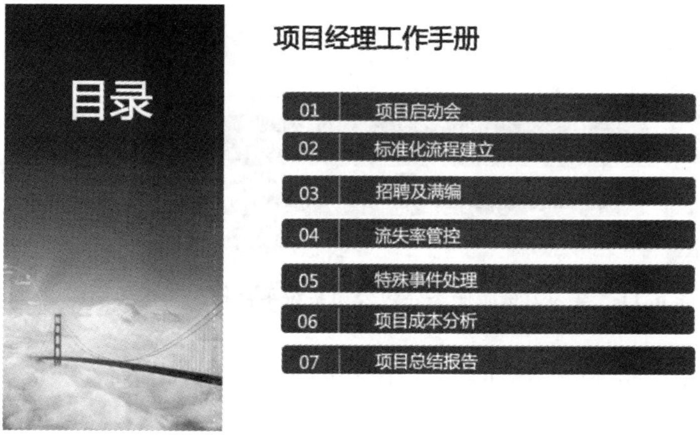

图 6.10　某人力资源服务外包公司“项目经理工作手册”提纲示意图

6.3.3 人力资源服务外包公司的报表管理

在人力资源服务外包公司的日常管理中，管理报表是可以帮助项目管理者和发包单位清晰了解项目运营情况，发现和暴露问题，从而改善项目的有效工具。管理报表分为日报、周报、月报、季报、年度总结报告等：日报以体现项目当天的基础人事数据和重点沟通事项为主，是最小时间单位的管理工具，可以在系统平台中实现外包公司内部管理者和发包单位实时查看日报。周报以周为单位，除了体现当周基础数据，重点可以呈现下一周的工作计划和目标，通过 PDCA 循环（Plan Do Check Action）的管理工具实现管理工作目标的达成。月报则是一个阶段性的总结，旨在总结优秀、暴露问题、持续改善，通常建议由外包公司项目经理和发包单位双方正式面对面沟通和讨论，是对一阶段的人力资源服务外包工作作一次整体复盘，也便于外包公司更加了解发包单位的业务发展和变化，迅速调整目标以匹配发包单位的管理目标。图 6.11 展示了某人力资源服务外包公司系统平台的报表管理界面，可以看出，清晰的信息记录是改善项目成效非常有效的日常化工具。

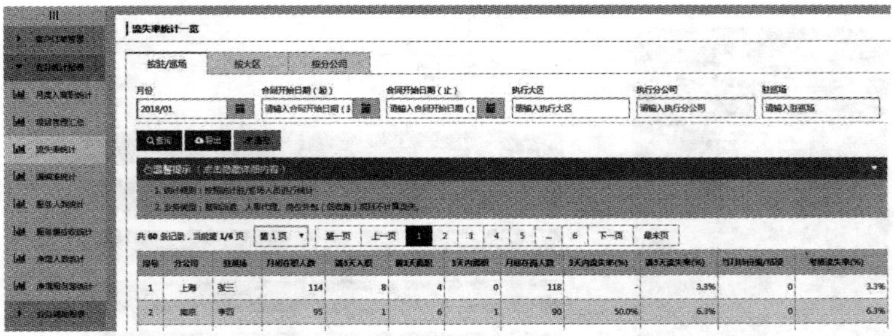

图 6.11　某人力资源服务外包公司系统平台报表管理界面图

6.3.4 人力资源服务外包公司的问题解决机制

（1）外包员工问题解决机制。

以某知名人力资源服务外包公司为例，针对外包员工在工作中遇到的问题，该人力资源服务外包公司设置了三级咨询受理机制：

一级：系统平台自助查询办理。通用性问题通常可以通过系统平台员工端（通常是 APP 或者微信公众号）自助完成业务办理，如工资条查询、社保扣费情况、当地人事政策等。

二级：驻巡场 HR。每个项目有专属的驻巡场 HR，专职驻扎在项目上办公或定期到项目巡视，解答员工疑问，处理员工问题。员工可以通过面谈、电话、微信、邮件等方式与驻巡场 HR 沟通，将在第一时间得到响应和支持。

三级：集团客服部。对于通过系统平台和驻巡场 HR 都不能解决的问题，员工可以通过集团客服热线反馈，集团会根据咨询的业务类型、所属区域，派单到相关大区外包总监或项目经理负责督办，并在规定时间内给予员工反馈。

通过三级咨询受理机制，对员工问题进行分流处理，既提高了工作效率，同时也能很好地保障员工的问题能得到及时的响应和解答。

（例：某人力资源服务外包公司后台设置各种通用问题关键字自动回复界面，对常规咨询问题进行分流处理，可以解决 80%的常见问题咨询。）

图 6.12　某人力资源服务外包公司系统平台报表管理界面图

(2) 发包单位问题解决机制。

针对发包单位问题，例示人力资源服务外包公司同样设置三级响应机制如下：

一级：项目经理。常规项目执行问题，由项目经理协调下属项目驻巡场 HR、社保/薪酬专员解决，如月度总结汇报，定期复盘遇到的问题，持续改善项目。

二级：外包总监。项目经理层级不能及时解决或发包单位对服务不满意的，外包总监需参与并调动资源，及时地解决问题。

三级：集团外包业务管理部。集团每个月会对发包单位进行满意度回访，了解发包单位对外包项目服务的各个维度的评价，针对重点问题对内部提出整改要求，并持续跟踪改善结果。另外，对于在区域层面不能得到妥善解决的问题，或重大突发状况，发包单位可直接联系集团外包业务管理部，由集团层面调动资源解决问题。

通过上述针对员工和对发包单位的三级响应机制，同时通过业务流程规范及考核制度保障，人力资源服务外包公司就能够更好地保证员工和客户的利益，提升用户满意度。

7. 人力资源服务外包中的员工关系管理

员工关系管理强调通过以员工为主体和出发点的企业内部关系，注重个体层次上的关系和交流，是从人力资源管理角度提出的一个取代劳资关系的概念。在企业人力资源体系中，各级管理人员和人力资源职能管理人员通过拟订和实施各项人力资源政策和管理行为以及其他的管理沟通手段调节企业和员工、员工与员工之间的相互联系和影响，从而实现企业的目标并确保为员工、社会增值。员工关系管理内容通常包括招聘管理、培训和保密制度、劳动权利保护、沟通政策和技能、纪律管理、离职与人员退出、劳动合同解除和终止、劳动争议的预防和处理等。人力资源管理本身包括了对企业整体的人力资源的各个领域的管理内容，但在人力资源服务外包模式下，这部分原本属于内部管理范畴的项目被企业外包给其他的合作机构。人力资源服务外包中的员工关系管理既继承和注重人力资源管理所蕴含的和谐与合作的精神，同时又具有区别于一般企业员工关系管理的特殊性。人力资源服务外包下的员工关系管理的内涵是在既定经济和管理条件的基础上，以沟通管理为核心，借助人力资源服务外包公司的特殊身份，采用辅助性的、协调性的和激励性的手段，营造企业内部正向、积极的工作氛围，以实现效率与公平的平衡为最终目的，从而支持企业的管理目标实现。

本章对人力资源服务外包中的员工关系管理的内容作一分析，主要内容包括：(1) 在离职管理中以系统平台为工具，高效高质地完成人事服务工作。同时注重离职面谈，发现问题，反馈给企业以待进一步改正。(2) 构建与实施企业规章制度，考核与评价员工行为，强化员工纪律管理。特别在申诉制度方面，人力资源服务外包公司能够发挥其专业化、协调性的优势功能。(3) 通过实施保险、假期、礼物、活动和特殊关怀项目等员工福利制度来缓解企业用工成本压力，实现体面劳动，提高员工的满意度。(4) 以建设企业文化为目标，以重视与满足员工的内心需求为手段，通过例行访谈、员工激励（目标激励、榜样激励等）、民主管理等，实现与外包员工的沟通，增强团队的凝聚力，激发员工的工作热情与最大潜能。

7.1 人力资源服务外包公司在员工关系中的四个职能

7.1.1 合法、合情、合理的离职管理

日常劳动关系管理（又称为基础性劳动关系管理、在职管理），是人力资源部门的工作中所花时间和精力最多的内容，分量也相当重要，在人力资源部门的管理工作中涉及的时间和内容的比重都较大，内容主要包括签订劳务合同、日常用工管理。人力资源服务外包公司需承担劳动法律法规所规定的义务，所以日常用工管理的责任也多归于人力资源服务外包公司，由其提供基础的人事管理服务。并且这种服务帮助发包单位免去日常人事管理的工作，将发包单位从烦琐的管理事务中解脱出来，把精力集中投入到业务管理创新上来。人力资源服务外包公司则通过专业化、标准化的基础人事操作流程，借助系统平台等工具，高效高质地完成人事服务工作。

离职管理是企业管理中一项重要的人力资源内容，一个离职率过高的

企业无法成为良好的企业，不但要付出大量重新招聘和入职培训的成本，增加新员工与企业的磨合期的问题，还会降低员工对企业的归属感，影响全体员工士气，从而妨碍企业目标的达成和维持。相反，如果员工完全没有流动，企业也会失去活力，并倾向老化，同样会阻碍企业发展。在人力资源服务外包公司为发包单位提供的人事服务解决方案中，通常都包含了一个重要的内容——离职管理。

人力资源服务外包公司不仅对员工离职实施有效的控制与管理，还应保证离职管理的“合法、合情、合理”。

1. 离职管理要实现合法退工

接受企业退工是人力资源服务外包行业所提供的服务中一项重要的职能，在发包单位由于服务需求饱和而需要调减服务项目，或者由于服务团队的能力无法达到发包单位的要求等情况下，发包单位可以以较低的代价调减项目预算或要求更换服务团队。人力资源服务外包公司即承担了被退回服务团队的安置与解决问题。以项目制外包或长期外包实现的灵活用工，发包单位可以相对灵活的调整预算，并根据市场环境与服务质量情况及时进行调整，为发包单位赢得市场先机并减轻企业负担。

同时，人力资源服务外包公司需要按照法律规定与员工解除劳动合同。由于劳动者存在过错性事项或者因伤病及工作能力出现不能有效胜任工作的情形时，人力资源服务外包公司应该按照法律规定与员工解除劳动合同。建议步骤为：(1) 发包单位主管与该员工面谈，指出问题、提出改善要求并反馈回人力资源服务外包公司。(2) 发包单位协助人力资源服务外包公司填写给该员工的改进计划书（员工存在的问题），并根据该员工的态度确定改善期限，有条件的企业应当启用调岗程序。(3) 经过一段时间，发包单位和人力资源服务外包公司再次评定该员工表现，若达到要求，则继续使用该员工；若仍未达到要求，则由发包单位填写“情况通报”并以邮件形式发给人力资源服务外包公司。(4) 人力资源服务外包公司为员工办理离职手续。

2. 离职管理以善待员工为原则

离职面谈是离职管理中的一项重要工作。本着善待离职员工的原则，对于主动离职员工，离职面谈应了解员工离职的真实原因以便公司改进管理；对于被动离职员工，应通过离职面谈提供职业发展建议，不让其带着怨恨走。面谈环节，不仅为发包单位进行人力资源流动状况分析提供了基础工作记录，更为重要的是建立了企业沟通的有效途径。好的面谈可以找到员工真正的离职原因，并从侧面了解到发包单位的内部管理情况。如果确实是外包公司方面的问题，也可以通过离职面谈留下这些员工。

针对离职员工做离职面谈时，面谈者的态度要坦诚，目的明了。面谈中一般需要了解的信息包括：离职的真实原因，导致离职的主要事件；离职人员对外包项目需要改进的合理化建议，对工作环境以及团队氛围的看法；离职后本岗位后续工作展开的建议以及离职后个人职业生涯规划等。面谈后需要的程序包括回放、分析离职原因、提供改善方案等。

3. 离职管理改善企业的用工环境，增强员工的职业安全性

离职管理中，人力资源服务外包公司既作为雇主来规范管理员工的行为，又承担起保护员工权益的工作，需实现离职管理的“合法、合理、合情”。一般来说，作为专业处理劳动关系的机构，外包公司熟悉劳动保障政策、法规，在劳动关系管理上能够规范操作，维护劳动者的权益。即使发生劳动争议，外包公司一般也有专业人员予以处理，能有效地降低劳动争

议风险。

此外，通过离职面谈可以帮助发包单位发现员工作出离职决定的原因和想法，协助发包单位实现人员流动的稳定性和合理性；也能够帮助发包单位对企业内部管理程序、价值文化和其他一些管理问题作出客观、公正、大胆的评价。并且人力资源服务外包公司通过对员工进行信息化管理，将所有入离职数据均录入系统，定期出具管理报告，即时回报流失率等关键指标数据，能够提出改进计划，提升专业服务能力，并据此制订出下一年度涉及培训、员工大会、福利、考勤管理等方面的工作支援计划，反馈给发包单位以待进一步改正。

案例

不同的企业在不同的阶段中要面临各种因素引发的离职潮

某互联网公司（简称C公司）由于项目的急速扩张，外包员工均为入职半年以内的新人，从而给对这些员工的业务培训、对一线管理都提出了非常大的挑战。与C公司合作的人力资源服务外包公司（简称R公司）通过对离职员工的持续访谈和跟踪，梳理出了该项目排名前三的离职原因，并实施了针对措施。

- **因个人规划原因离职：** R公司通过访谈发现，大部分求职者处在毕业后1年～3年的迷茫期，对于希望从事的理想职业和客服岗位的认知都不清晰，面试的时候被企业的品牌、平台、文化所吸引，但对于实际要从事的工作内容、压力和挑战并不够清楚，深入工作场景后，往往会出现较大落差，发现跟自己期望中的客服岗位不一样。针对这种情况，R公司加强了在面试过程中的信息传递，邀请C公司的业务经理全程参与宣讲环节，图文并茂地展示工作内容、工作职责和工作环境，同时与求职者互动，进行 Q&A，答疑解惑。入职后，R 公司专职客服讲师对员工进行培训，教授客服技巧，提升其客户服务意识，加强其职业美感。

● **因距离原因离职：** 由于该公司所在城市较大，交通不便，很多员工上班须花费 1 个小时以上，加上客服不规律的工时排班，遇到夜班的员工回家成本高，且担心人身安全。针对这部分员工，R 公司在招聘面试过程中，重点筛选住家距离过远的员工，同时为员工建立服务群组，提供项目附近租房信息，为员工设置标签，鼓励性格、喜好相近的员工合租，做好后勤保障。

● **因工作压力过大离职：** R 公司通过入职前压力测试、驻巡场 HR 在培训期密切关注、定期访谈、入组后心理辅导、老员工帮助新员工提升服务技巧等方式，帮助员工迅速适应业务的节奏。

R 公司通过每月实时分析员工流失原因，针对流失的主要原因，通过招聘、培训、驻场服务等各个环节进行优化，同时向 C 公司提出支持的需求，在多个环节邀请 C 公司的人力资源管理人员及业务管理人员参与进来，共同进行流失率管控，经过努力，月度流失率从最高的 12%降低到了 5%以内。

7.1.2 争议调解的申诉制度

在外包管理中，首先是人力资源服务外包公司与发包单位共同制定合理有效的规章制度，再以员工手册培训、日常宣贯等方式强化员工纪律管理。日常考评和奖惩由人力资源服务外包公司会同业务部门对员工进行管理。

申诉多是由管理方对员工进行惩处引起的。对外包员工作实质性处理的事宜，如解除劳动合同、扣减薪酬、调整级别等事项，需通过发包单位与人力资源服务外包公司互相告知并协商沟通后，由人力资源服务外包公司作出。在工作过程中，劳动者在心理契约变化的影响下，可能对与发包单位之间的利益和情感承诺产生认知差距。员工申诉是指员工在工作中认为受到不公正待遇等，通过正式或者非正式的渠道反映其意见和建议。

根据对象的不同申诉可分为企业内部申诉和企业外部申诉。与一般情况类似，外包员工的沟通与申诉范围包括但不限于以下情形：对职位、职级的调整有异议；对绩效考评有异议；对奖惩处理有异议；对培训、薪酬、福利等方面有异议；对劳动合同的签订、续签、变更、解除、终止等方面有异议；认为受到上级或同事不公正对待；等等。

一个好的人力资源服务外包公司，既满足了企业的灵活用工和降低成本的需求，又补充和促进了企业管理水平和能力的提升。很多情况下，发包单位对外包员工缺乏有效沟通和引导。实际工作中，员工感受到的压力多来源于生产过程，工作安排不合理、缺乏有效沟通、工资低、绩效安排不合理、晋升通道不畅、加班严重、培训少等问题是外包员工的主要诉求。员工的抱怨需要得到正面的处理和积极的反馈，申诉所反映出来的问题会受到企业内部沟通渠道的影响。

人力资源服务外包公司借助驻巡场 HR 在处理争议时更具有优越性。对争议处理而言，争议多发生在日常劳动关系中，人力资源服务外包公司派出的驻巡场 HR 是外包公司在工作现场负责沟通与受理员工申诉的主要专员，负责调查核实有关情况，提出处理建议。驻巡场 HR 除了应具有基本的劳动法律知识、熟悉国家相关的劳动保障制度外，还应拥有与员工和企业进行常规性互动的基础，能运用心理、辩论、演讲等多门技术，可适时地掌握各种具体方法，有良好的沟通技巧，有很强的亲和力，并且有坚实的群众基础。驻巡场 HR 所具备的调解技巧能让他/她在处理纷繁复杂的劳动争议处理过程中游刃有余。

争议发生后，驻巡场 HR 熟悉双方和双方纠纷的起因和争议焦点，便于对症下药，也以“第三方”身份秉承中立、客观的立场，帮助当事人：(1) 卸下负担，充分表达内心的意愿；(2) 审时度势，督促双方作出必要的让步和妥协，达成协议。外包公司在解决争议问题时更具有灵活性：可以选择对几方都合适的时间地点和方式开展协商，也不必支付费用。在争议处理过程中，驻巡场 HR 应当负责调查核实有关情况，提出处理建议。在人力资源服务外包公司发包单位的共同努力与协作下，通过运用各种措施，及时掌握产生劳动争议的诱因，预防和处理各类突发事件。

7.1.3 理性、灵活的福利体系

企业员工的福利项目日益呈现多样化的形式。一般而言，福利项目包括以下内容：国家法定社会保险之外的各类保险和福利，加班补助，住房福利，交通补贴，教育培训福利，文体活动和旅游福利，如企业自建的文体设施、有组织的集体文体活动、各种文体活动的折扣票和免费票等，生活服务福利，金融福利，等等。企业自行规定和提供的福利与服务在许多企业中统称为福利性薪酬。这些福利待遇具有间接性收入的性质。福利对工资是一种补充，如果福利得到充分利用，则可以节省用工成本，并调动员工的积极性，满足员工物质和心理上的需求。

福利在人力资源服务外包中具有不可或缺的作用。与社会保险相比，个人福利待遇中，只有少数项目是国家强令用人单位向员工支付的，大量的是由企业根据自身状况自行决定是否设立并支付的，具有较强的弹性，不具有互济性和普遍性。

人力资源服务外包公司在福利体系建设中具有两个明显的优势：理性

化和灵活性。首先，增强企业福利体系的理性化。一是人力资源服务外包公司要根据发包单位的需要和现状，提供不同类型的员工福利计划的“打包服务”，由发包单位根据自身情况选择。员工福利具有缓解外部压力，借以获得竞争优势，并争取到相应的税收优惠政策等作用。福利项目的多少和标准的高低在很大程度上要受到发包单位经济效益和支付能力的影响，同时还与外部市场状况密不可分。通过人力资源服务外包，发包单位可以建立多种薪酬与福利体系，对于外包员工可以由人力资源服务外包公司建立基于外部市场水平的薪酬体系，而不必考虑发包单位内其他体系的员工薪酬体系。如此，既能激发员工的工作热情和劳动效率，又能节约发包单位的综合用工成本。二是福利水平要符合外包员工的需要，实现体面劳动和有相应的市场竞争力。在薪酬的问题上做到公平待遇，奖金应当准时足额发放。在必要时候人力资源服务外包公司可与发包单位沟通协调，为外包项目提供更加合乎情理的福利体系方案。

其次，方案建设应遵循灵活性原则，从员工的需要出发，实现自主性的项目设计与实施。在设计项目和实施时，人力资源服务外包公司应为发包单位量身打造个性化的方案，使员工福利灵活并切合员工需要。传统常见的如节日福利问候、员工聚餐、生日会、年会等活动，传递了企业关怀，对于增强员工团结和提高其工作效率都具有重要意义。实际上，活动的价值不在于花费的高低，而在于策划者的心意。一个走心的设计意味着要站在员工的角度考虑项目的类型、活动的特点和行动的方式。囿于时间和精力，多数发包单位的人力资源部门和业务部门负责人无法关注这个群体的特点与需求，而人力资源服务外包公司能利用驻巡场 HR 密切接触员工的优势，与员工进行充分的沟通，根据员工群体的特点，了解他们的喜欢和追求的方面，贴近他们的工作与生活，有针对性地举办多种形式的员工活动。日益成为劳动大军中的主力军的“80后”“90后”更注重自我价值的实现，注重参与感，因此，一些有创意的活动更受到了欢迎。例如生日聚会月举办小party有助于增强团队凝聚力、员工归属感，在中秋佳节时做一个月饼也许比发一个500元的礼盒更加令人兴奋，进行一场骑单车的户外活动也可以一举数得：培养兴趣，实现健康生活，协调关系，锻炼能力。若有企业logo穿插在活动中，更能实现在年轻人中对品牌意识的主动传播。

案例

丰富新颖的员工活动助力发包单位提升员工满意度和参与感

某知名共享经济类科技公司（以下简称C公司）2015年在某城市建立客服中心。时值中国共享经济发展的初期，全年全国共享经济规模仅1.95亿元，集中在金融、生活服务、交通出行、生产能力、知识技能、房屋短租等六大领域，参与提供服务者约为5 000万人，约占劳动人口总数的5.5%。随着全球共享经济蓬勃发展，C公司的用户人数指数级增长，客服团队的规模也急需迅速扩张。C公司致力于技术壁垒和运营策略的提升，对于基础服务类岗位，更希望借力专业的人力资源服务外包公司迅速完成团队组建。某人力资源服务外包公司R（以下简称R公司）2015年10月进入这个项目，此前C公司已经率先与两家全国性的人力资源服务外包公司达成合作，由该三家公司共同服务于该项目，需要在两个月内完成500人客服团队的组建。

由于该项目成立不到一年时间，在岗外包员工即超过800人，所以员工关怀、员工福利、员工活动开展，也成为员工关系管理中的重要组成部分，对提升团队凝聚力、打造一支高效的客服团队，起着重要的作用。客服岗位的特点是："90后"员工居多，排班的特点决定了员工无法集中一起做活动。针对岗位的特殊性，R公司从年初制定了全年活动方案，与C公司讨论通过，做到时时有关注、月月有关怀，分批次组织活动，员工活动推陈出新，强调小伙伴的参与感、互动体验，同时鼓励大家利用社交媒体传播，营造积极和谐的工作氛围。在2016年年底，R公司着力策划并执行了C公司外包项目千人年会，活动隆重而热烈，得到了C公司和外包员工的一致好评。

附：　R公司为C公司项目制定的年度外包员工活动方案主题

时间	主题设计内容	方案内容
生日	员工生日	生日小礼物贺卡
新春	开门利是	团队小集结
情人节	心里有"礼"	派发爱心卡、巧克力
劳动节	工作关怀	户外劳保设备发放
端午节	多彩端午	传统礼券
夏至日	清凉一夏	清凉饮料或消暑礼品
中秋节	中秋彩蛋	彩蛋创作、评比、有礼活动
冬至日	冬日问候	员工派发水饺
圣诞节	爱的互换	员工各自准备圣诞礼物，随机收取寄送
年末	新年倒计时	团年饭&活动礼品

7.1.4　双向畅通的沟通机制

沟通管理的目的是保证沟通渠道的畅通，引导公司上下及时地双向沟通，完善员工建议制度。企业人力资源部门应对企业人员变化反应迅速，但多数企业的人力资源部门和业务部门负责人因多项目并行容易在管理上忽略外包员工的变化，从而失去解决问题的最好时机。人力资源服务外包公司的驻场管理代表能积极与发包单位业务部门主管协同配合，实现与外包员工的沟通，增强团队的凝聚力，激发员工的工作热情与潜能。

一个双向畅通的沟通机制的作用可以从两个方面来看：第一，从发包单位的角度。传递了企业信息，解决业务管理实施中的障碍和问题。第二，从外包员工的角度。解决外包员工关心的问题，为外包员工提供有关国家法律、法规、公司政策、个人身心等方面的咨询服务，协助员工平衡工作与生活。

人力资源服务外包公司的沟通手段应适应双向畅通的沟通机制的运行。人力资源服务外包具有两个特点：第一个是柔性化管理。柔性管理特点增加了企业和员工开诚布公地沟通、交流的机会。沟通机制包括沟通访谈机制和满意度调查机制，是具有激励性、非强制性特点的手段。外包公司可以利用其专业化优势，借助自身成熟、完善的员工沟通体系和技术，针对差异化的需要去实现与员工的沟通。一些外包公司拥有制度化的沟通访谈机制，按照发包单位的性质、不同的工作阶段、外包员工的群体特点等要素，分成例行访谈和特殊访谈，特殊访谈中根据沟通对象的差别设计不同沟通频次和沟通内容，而在例行访谈中，根据员工的入职时间设计沟通计划。访谈报告按照沟通频次要求，以正式的邮件形式发送给发包单位人力资源部门及相关业务部门负责人；如遇特殊事件，当天反馈邮件，并在日报群里同步沟通结果。在日常工作之外，外包公司可以组织交流、讲座、外出参观、旅游等活动，让外包员工有交流、表达的机会，即时了解员工的想法、抱怨或困难，选择恰当的时机进行引导、控制和化解，调整和维持心理契约，预防危机。外包公司的第二个特点是扮演了调解者的角色。一个好的人力资源服务外包公司，作为合作伙伴，不但要在自身所负责的职责上合法合理操作，还要对于发包单位在日常工作过程中的具体任务分配、劳动安全和卫生环境等涉及劳动者权益的方面进行关注。人力资源服务外包公司应当通过驻巡场 HR 实时了解发包单位实施劳动标准的情况和问题，并且将存在的问题及时反映给双方企业的负责人，促进劳动者权益的保护。

下面这个案例说明了良好的日常管理会对影响员工绩效的指标产生正面影响。

案例

良好的日常管理提升员工关键绩效水平

R 公司作为国内某交通及运输平台公司的客服人员人力资源服务外包供应商，针对员工的绩效提升，大致做了如下管理工作：(1) 日常根据员工在职不同阶段，跟员工做面谈沟通，在面谈中，不仅仅关注员工在职的需求和感受，同时也会跟员工了解不同阶段的业务掌握能力。例如员工在面谈中提到接线时 ATT（平均通话时长）总是过长，会导致工单量的不足，R 公司的员工关系专员会建议此时的客服不要在线上过多跟客户长时间纠结，应安抚客户情绪，跟客户说明稍后采用回电的方式来解决问题，暂时挂机，并且需要下来后熟记业务流程。(2) 不定期举行组长沟通会，将平时面谈中了解到的员工关于业务的问题反馈给各组长，让组长来一同关注员工的成长。同时也会跟组长了解员工的一些心态及动向，以便及时跟进，给员工做相关的心理辅导和建设。(3) 对入职 1—3 个月的新员工，还会做单独的业务培训。例如会邀请在职的一些绩效优异的老员工不定时地做业务分享。因为入职 1—3 个月的新员工，尤其是在过往工作中没有相关客服经验的，对于上线操作有很大的心理压力，会出现短暂性的空白，所以在这种分享培训中，不仅会给新员工做业务能力加强培训，还会做相关线上心理辅导。

案例

用心员工活动打造活力团队

在某互联网技术公司中，R外包公司的驻场HR约见了各个部门的员工进行访谈，及时了解员工近况以及最新动向，及时汇总并反馈给该互联网公司人力资源部门以及组长，并在访谈结束后赠送员工一本武林秘籍作为纪念品，让员工感受到其实公司有在关心他们。之后R公司又策划了一场主题为“健康工作，快乐生活”的大学城单车骑行活动，并及时邀请呼叫中心员工参加，活动内容包括你画我猜、真心话大冒险、撕名牌等。活动后员工反馈均比较好，希望可以多组织此类活动。R公司又针对外包员工与该互联网公司年会分开的情况，年前策划了外包员工的年会活动，举行各种抽奖活动、穿插各种小游戏，以及发放各种小礼品，并且对当年的绩优员工进行颁奖，举行绩优外包员工“转编”仪式，并且在年会后给外包员工发放过节红包，以及组织外包员工进群开展红包雨活动。最后R公司还在年中开展了“夏日清爽，激情漂流”的清远漂流活动，覆盖几乎所有部门的外包员工，而且为了能够使活动覆盖率增大，特地举办了四次漂流活动，覆盖了三分之二的外包员工，并且在活动结束后特地定制印有logo的小风扇，作为纪念品，给外包员工发放。

7.2 人力资源服务外包在员工关系管理中的价值

员工关系管理从本质上讲，具有鲜明的双面性：一方面，需要运用周到、规范的约束性手段来规制员工的行为；另一方面，力图通过沟通、协调、帮助、关爱等激励性的方式来实现企业对员工的保护和激励。

人力资源服务外包公司在人力资源服务外包的员工关系管理中发挥了独特的作用，具体而言，表现在：(1) 在离职管理中，人力资源服务外包公司既是管理者，同时又要引导发包单位做到“合法、合情、合理”，实现合法退工、善待员工的目的，改善用工环境。(2) 人力资源服务外包公司与发包单位两者共同制定出更加高效的沟通机制，规范员工申诉的渠道及方法。(3) 员工福利的理性化体现在借助低成本的福利计划提升了劳动的体面性，而自主性的项目设计与实施的核心是从员工的需要出发。(4) 通过柔性化管理的手段，实现双向畅通的沟通机制的运行。

表 7.1　人力资源服务外包公司在员工关系中的价值

人力资源服务外包公司的职责		价值体现
合法、合情、合理的离职管理	•离职面谈、分析离职原因、办理离职手续、出具离职证明 •负责退回员工的就业安排，承担退工成本	•增强外包员工的职业安全性 •提升外包员工的满意度
理性化与灵活性并重的员工关怀	•根据发包单位的业务特点及服务需求，设计外包员工福利体系，实现福利形式专业性、多样化与灵活性，负责福利方案的落实执行	•提升外包员工的工作效能 •提升外包员工的满意度
双向的沟通管理	•人力资源服务外包公司在发包单位和外包员工之间建立双向沟通机制，借助成熟的沟通技术，传达管理信息，整合与表达员工诉求	•提升沟通的及时性、有效性 •协助发包单位实施劳动标准

7.3　外包员工关系管理中的职责建议

在人力资源服务外包模式下，外包员工容易缺乏归属感，会在一定程度上削弱员工的工作积极性，进而影响到效益。因此，人力资源服务外包公司与发包单位应当在心理契约建设、加强沟通、完善员工援助计划等方面有所作为，具体包括：

（1）在福利和活动方面，发包单位与人力资源服务外包公司可以鼓励外包员工参加企业的各类岗位竞赛活动、文体活动、各项先进评选等，营造和谐的工作氛围。发包单位正式员工的人性化关怀政策（员工上下班的便利措施、对特殊员工弹性工作时间的安排、员工家属参与企业活动、对困难员工的走访与慰问等）尽量涵盖外包员工；可以通过各种形式和渠道鼓励外包员工对发包单位的发展建言献策。在客观承认正式员工与外包员工薪酬方面的差别的基础上，人力资源服务外包公司可与发包单位配合，将薪酬体系调整得更为合理，一方面不要因为过分的福利保障而损伤了正式员工的积极性；另一方面，也要提高外包员工的福利，使他们从中获得激励。

（2）给优秀的外包员工转正的机会。发包单位可以考虑给予那些有强烈意愿、工作时间长、绩效评估优良、对本项目有重要贡献的外包员工转正机会。为保证转正的公开、公正和公平，发包单位可与人力资源服务外包公司一起制定明确的转正资格、标准及相应的程序。

（3）人力资源服务外包公司应提升外包员工的职业发展空间。受身份限制，外包员工在企业中发展潜力小，晋升机会少。这是导致外包员工工作积极性差、离职率高的重要原因。因此，要做好对外包员工的管理工作，就要考虑外包员工的职业发展空间。包括：

1）岗位设置要考虑外包员工的职业发展空间。在条件允许的前提下，外包员工的岗位设置也应多层次，为外包员工提供良好的晋升通道和空间。

2）发包单位增加外包员工岗位轮换的机会。岗位轮换是外包员工丰富工作内容、积累工作经验的重要手段，也是提升其职业发展空间的重要方式。人力资源服务外包公司应该在岗位轮换方面给外包员工更多的机会，如提高外包员工岗位轮换的频率。

3）增加对外包员工的培训。通过对外包员工增加有针对性的培训，提升外包员工的人均产能，提高外包员工的职业竞争力，提升其职业发展空间。

员工关系管理是一种“无形服务”，在这种服务中，人力资源服务外包公司把员工视为第一资源，当作客户来经营，包括“沟通、冲突处理、职业发展顾问、员工契约”等内容，并以“公平、信任”为基础。不少人力资源服务外包公司通过对外包管理的最佳实践提炼出一套服务外包用工管理的方法论，并通过专业团队落地执行。

8. 人力资源服务外包中的员工培训与发展管理

8.1 人力资源服务外包中的员工培训与发展管理的背景

员工培训与发展管理是指为员工传授完成岗位工作所必需的知识、技能和态度，并帮助员工在工作过程中实现自我持续发展的过程。在人力资源服务外包模式下，关注员工的培训和发展管理对于发包单位、人力资源服务外包公司和员工自身都具有重要的意义。

从发包单位的角度来看，在人力资本价值日益凸显的今天，企业品牌目标和经营战略的实现，极大地依赖于高素质和高效能的员工。随着社会环境的不断发展、变化，企业对员工素质和能力的要求也在不断更新和调整。为了实现人力资本与企业发展的持续同步，根据企业战略目标的调整和优化，为员工创造一个良好的成长环境、适时提供有针对性的培训，显得尤为必要。因此，发包单位对员工培训与发展体系不断完善和优化，有助于支撑企业的战略实现，提高企业的核心竞争力和增强其持续创新性。

从人力资源服务外包公司的角度来看，在人力资源服务外包中，外包员工本身的工作技能和职业素质直接关系到发包单位的服务质量、工作业绩和持续发展。因此，对于人力资源服务外包公司而言，最为关键的职责在于向发包单位输出可用和可靠的服务团队。加强培训和发展管理，不仅能够提高外包员工的技能水平，满足发包单位工作和服务的需要，也有助于满足外包员工职业发展预期。这是人力资源服务外包公司树立良好业界品牌、构建和谐劳动关系、强化可持续发展的有效路径的必然要求。

从员工自身的角度来看，一方面，来自人力资源服务外包公司和发包单位的培训课程能有效地促进员工将知识和技能转化为良好的工作业绩，缩小外包员工的实际工作表现与发包单位服务要求的差距，提高工作效率和创造力，增强工作的稳定性，保持高昂的工作态度；另一方面，人力资源服务外包公司和发包单位培训体系的良好运行也有助于员工提高自身素养，基于发包单位的战略规划和晋升要求，理清自己的成长空间和方向，合理规划个人的职业生涯和发展。

在人力资源服务外包模式中，为了更好地发挥培训和发展体系的重要作用，人力资源服务外包公司和发包单位既需要明晰双方的角色，承担起各自在员工培训和发展过程中的职能，又需要协力合作，建立良好的培训和发展管理体系与配套设置，共同实现人力资源的有效培养、使用和发展。

8.2　发包单位与人力资源服务外包公司培训的分工与协作

在培训的环节，发包单位与人力资源服务外包公司最需要思考的问题是，双方该如何分工和协作，才能最大限度地提升培训的效率，提高培训在人力资源服务外包中的价值。

8.2.1　发包单位与人力资源服务外包公司培训的分工

就培训类型而言，人力资源服务外包公司主要负责通用技能和职业心态类的培训，发包单位主要负责业务技能类的培训。就培训阶段而言，人力资源服务外包公司主要负责新员工培训的需求分析、规划制定、培训实施，发包单位主要负责培训效果的评估。在此过程中，双方各自发挥自己的专业优势，实现“1＋1＞2”的培训效果。表 8.1 展示了国内某人力资源服务外包公司与发包单位在培训不同阶段的常见分工，可以发现，在通用素质类培训、管理提升类培训中，人力资源服务外包公司和发包单位双方有不同的分工和配合，而业务技能类培训则以发包单位为主导。

表 8.1　国内某人力资源服务外包公司与发包单位的培训分工示意表

培训类型	培训需求分析	培训规划制定	培训实施	培训效果评估
新员工入职培训	人力资源服务外包公司负责	人力资源服务外包公司负责	人力资源服务外包公司负责	发包单位进行效果评估
通用素质类培训	人力资源服务外包公司负责	人力资源服务外包公司负责	人力资源服务外包公司负责	发包单位进行效果评估
业务技能类培训	发包单位 & 人力资源服务外包公司共同完成	发包单位制定培训规划	发包单位业务团队负责培训实施	发包单位 & 人力资源服务外包公司共同完成
管理提升类培训	发包单位 & 人力资源服务外包公司共同完成	发包单位 & 人力资源服务外包公司共同完成	发包单位 & 人力资源服务外包公司共同完成	发包单位 & 人力资源服务外包公司共同完成

8.2.2　发包单位与人力资源服务外包公司的培训协作

有效的培训管理是一种传播员工知识、满足发包单位需要、宣传外包公司的捷径，为了更好地发挥培训管理的“三赢”作用，发包单位和人力资源服务外包公司需要加强在外包员工培训管理方面的进一步协作。

1. 培训需求的双向沟通

在人力资源服务外包公司开展培训之前，应该针对外包员工的培训，深入地与发包单位进行需求调研和需求分析，根据发包单位的服务需求，确定培训目标、编制培训计划。

如果缺乏双方有效的培训需求沟通，会导致培训目标定位不准确、培训内容缺乏针对性，使人力资源服务外包公司的培训最终费力不讨好：第一，员工的工作能力不能得到提升；第二，发包单位无法从人力资源服务外包公司的培训投资中获得收益；第三，人力资源服务外包公司的培训资源被浪费。

2. 培训双方的职责明确

在人力资源服务外包模式下，由于人力资源服务外包公司和发包单位的角色不同，双方在培训外包员工方面的定位分工也有所差异。

一方面，发包单位应该更多地承担对岗位业务操作规程及注意事项等专业技术技能的培训，而人力资源服务外包公司则应更多地承担文化素养和职业态度方面的培训责任，包括当今员工培训中非常强调的对敬业意识、质量意识、服务意识等职业素质的培训，对团队协作、合作意识、竞争意识等文化观念的培训。

另一方面，相对于发包单位更为实操化的培训训练，人力资源服务外包公司的培训应该更为重视技能理论基础，并注重增加企业文化、职业发展、职业价值观等方面的培训引导，有助于建立外包员工对发包单位的认同感，做好职业规划。

3. 培训实施的调整反馈

外包员工的培训实施需要有效的评估和反馈机制作为支撑。培训不是一次性的任务，也不是为了形式而走走过场，因此，在培训结束后，发包单位应该配合人力资源服务外包公司，对员工培训结果进行反馈，帮助人力资源服务外包公司有效地分析、改进和完善以后的培训工作，为提高培训效益提供依据。

此外，在外包员工接受培训之前和培训结束后，发包单位可以通过事先告知或事后评估的方式，让外包员工了解到培训效果与入职后的相应奖惩有关，从而提高外包员工参加培训的积极性，增强外包公司培训的效果。

4. 培训与人力资源管理体系的协同

培训管理体系应该与人力资源管理体系的其他职能协同作用，共同促进员工提高工作业绩，并形成持续性的效果。这种持续性效果可以通过良性循环的方式来实现，即培训提高了员工的能力和绩效，并使员工得到物质或职务上的满足，而能力或职务的不断提升又会产生新的培训需求。

这一延续的过程离不开人力资源服务外包公司和发包单位在人力资源其他职能上的有效配合，比如对员工绩效能力的评定、职业规划的引导、薪酬体系、晋升制度的配套等。人力资源服务外包公司需要根据发包单位的实际情况，有效地设计培训内容，以与人力资源管理环节相互挂钩，从而形成完整的管理体系，实现培训效果的最大化。

8.3 人力资源服务外包中培训体系的建设

人力资源服务外包中培训体系可以划分为以下三个模块：

第一，岗前的专业技能培训，主要解决员工的岗位工作技能；

第二，基于任职资格的岗中培训，主要关注优化技能、提升绩效，为员工提供职业发展通道；

第三，EAP 员工帮扶计划，主要强调员工关怀、情感疏导、危机干预，塑造员工积极的组织心态。

8.3.1 专业技能培训

为了适应外包项目的多样化的培训需求，人力资源服务外包公司一般为外包员工提供以下专业技能培训。

1. 岗前培训

通常来讲，不论是入职员工的基础素质培训，还是基于发包单位服务需求的培训，人力资源服务外包公司对员工培训的主要目的都是提高外包员工的职业化能力和工作绩效。

因此，为了员工能够快速上岗，人力资源服务外包公司可以为员工提供相应的岗前课程。例如，对于呼叫中心类的电话客服和电话销售岗位，人力资源服务外包公司的岗前培训可以设置三类课程——专业技能、操作技能、通用技能，从知识、技能、心态三个方面对员工进行完整的训练。

案例

国内某人力资源服务外包公司针对呼叫中心的岗前专业技能培训

呼叫中心是在一个相对集中的场所，由一批服务人员组成的服务机构。呼叫中心通常利用计算机通讯技术，处理来自企业、顾客的电话咨询；需要具备同时处理大量来话的能力，还要具备主叫号码显示，从而将来电自动分配给具备相应技能的人员处理，并记录和储存所有来话信息的能力。一个典型的以客户服务为主的呼叫中心可以兼具呼入与呼出功能。通常来讲，电话呼入型呼叫中心的职责是接听顾客来电，为顾客提供一系列的服务，例如IT行业中的技术支持中心、保险行业中的电话理赔中心等。而电话呼出型呼叫中心则以从事市场营销和电话销售活动为主，是企业的利润中心。

呼叫中心是一个促进企业营销、开拓市场并为客户提供友好的交互式服务的管理与服务系统。它作为企业面向客户的前台，面对的是客户，强调的是服务，注重的是管理。它发挥了理顺企业与客户之间的关系并加强客户资源管理和企业经营管理的作用。它可以提高客户满意度、完善客户服务，为企业创造更多的利润。

通常来说，呼叫中心岗位属于人员密集型岗位，岗位的工作技能要求高，工作相对简单、枯燥，工作压力大。中国呼叫中心话务员平均流失率为 9%（呼叫中心水平）和 12%（自然流失水平），呼叫中心员工的平均供职时间为 12 个月。即使是国内比较优秀的呼叫中心，员工的月流失率也在 3%～5%，年流失率在 20%～30%。中国更换一名话务员的成本为人民币 2 900元（包括招聘、培训和生产成本损失，合 403 美元）。这样的岗位相对比较适合灵活用工的方式，对岗前培训的要求也更高。

为了更好地为呼叫中心提供更优秀和稳定的员工，国内某人力资源服务外包公司针对呼叫中心的岗前专业技能培训，基于行业经验、工作调研和专家讨论，率先开发了一整套呼叫中心行业人才培训教材。这套教材包括《呼叫中心基础操作工具》《客户服务流程及技巧》《普通话及发音技巧》《电话销售流程及技巧》《呼叫中心职商及职场通用技能》。

基于此，该外包企业设置了完整的呼叫中心教学课程体系。课程主要分为专业技能、操作技能、通用技能三个模块，每个模块各占三分之一的比重。

具体来说，专业技能课程主要提供客服及销售岗位的专业知识，以满足发包单位的一些特殊要求，包括办公软件的使用、普通话及发音技巧、呼叫中心基础操作工具等；操作技能课程主要针对发包单位使用的不同软件及硬件，进行实际操作的练习，为员工营造尽可能真实的现场环境体验，巩固员工的专业技能；通用技能课程主要包括电话销售流程及技巧、呼叫中心的职业通用技能、职业规划及目标管理、压力情绪管理等，通过这些培训提升求职者的综合素质。

人力资源服务外包公司向发包单位提供的外包员工经过岗前培训后，对于将要提供的服务以及客户的特点均有了深入的了解并掌握了基本的技能，有助于提高外包员工向发包单位提供服务的综合效率，同时有助于提升发包单位的满意度。接受过严格岗前培训的外包员工通常在工作中上手快、出错率低、任务达成率高，稳定性也比一般员工要高很多，从而有效地帮助发包单位降低流失率。

图 8.1 简要列出了呼叫中心员工的系统性培训课程，依靠这一课程包，接受过培训的员工的素质和能力得到显著提高。

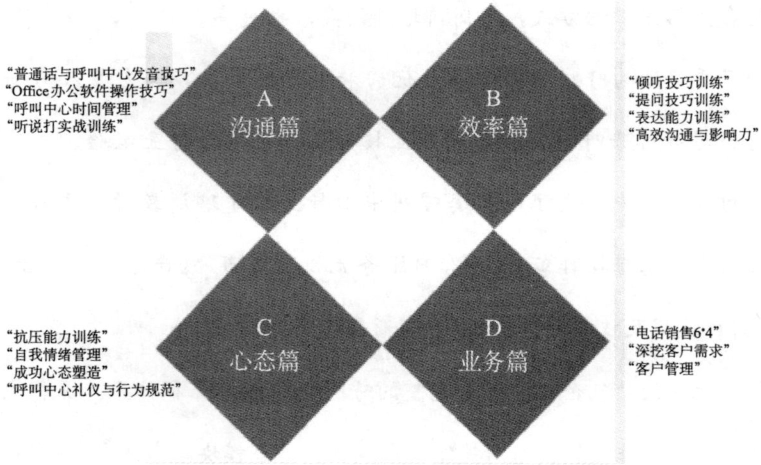

图 8.1　某呼叫中心外包项目员工培训课程

2. 分阶培训

分阶培训是按照员工进场外包项目的时间分别进行培训，可以简单划分为入职前培训和入职后培训。入职前培训涵盖了实习期培训，入职后培训主要分为入职后转正之前的这三个月培训和转正三个月之后的培训。

由于员工在这三个阶段的关注点不同，分阶培训的课程体系有所不同，知识、技能、心态三个维度的课程占比和课程深度均会有所调整。

在员工入职前，由于员工面临新的服务客户、新的工作岗位，培训更多会关注员工是否能够胜任工作，以及消除员工对工作岗位的误解。特别是面临发包单位新增集中式服务需求时，培训能够帮助员工快速消除对项目的陌生感和疑惑，建立正确的自我认知和职业期待。此外，培训能按照层层递进、有趣有效的方式把知识和技能传递给员工，避免员工因为认知不清而中途流失。因此，入职前的培训不仅仅是讲授课程，更是进行持续的关注与辅导，从而让员工顺利度过心理危机期，通过调适自己对工作和环境的认知，真正投入工作中，发现工作的价值和意义。

在员工入职初期，因员工具备了一定的工作技能，心态趋于平和，对企业和工作有了一定的了解后，所以要及时带领他们去探索工作中未知的领域，给予员工更多的机会和信任。因此，员工入职后初期的培训不应停留在熟练工作的层面，而是要鼓励员工大胆探索和创新，找寻高效的工作模式和方法。因此，入职后初期的培训更多的是启发式培训，引导员工去搜集相关知识，尝试设立更高的目标，接受更大的压力。

当员工顺利度过了前两个时期之后，会进入一个平稳期。对于这一阶段的员工，培训的重点是帮助员工调适心态，做好正确的职业规划，避免过早进入职业倦怠期，以较好地应对工作中的困难。表 8.2 是国内某人力资源服务外包公司分阶培训课程的一个示例，可以看出，人力资源服务外包公司根据发包单位对服务技能的需求，设计出了三阶段不同的课程方向以及相对应的知识、技能和态度培训模块，能够为外包员工提供更具针对性的培训课程。

表 8.2　国内某人力资源服务外包公司分阶培训课程表

阶段	课程方向	知识（Knowledge）		技能（Skill）		态度（Attitude）	
		代码	课程名称	代码	课程名称	代码	课程名称
S1（0～1）	①职业认知（职业美感）；②技能掌握；③舒解压力	K1	走进呼叫中心	S1	打造服务理念	A1	
		K2	我的未来不是梦——职业规划	S2	普通话发音	A2	
		K3	职业形象礼仪	S3	提问技巧 1	A3	
		K4	投诉觉察与判断	S4	倾听技巧 1	A4	
		K5	常用办公技能训练	S5	专业表达 1		
				S6	我爱听录音		
S2（1～3）	①绩效突破；②情绪刺激；③职业愿景	K6	质检服务理解	S7	服务习惯养成	A5	压力疏导的途径与方法
		K7	危机化解技巧	S8	提问技巧 2	A6	职业心态塑造
		K8	目标管理（客服类）	S9	倾听技巧 2		
		K9	职业不应期	S10	专业表达 2		
				S11	同情同理		
				S12	绩效达标		
				S13	案例学习		
				S14	拒绝拖延症		
				S15	自我情绪管理		
S3（3～6）	①团队与我；②高绩效；③个人价值与团队共赢；④职业倦怠	K10	办公技能提升训练	S16	时间清单管理	A7	角色认知与定位
		K11	透过质检看服务	S17	口才与演讲技巧	A8	正能量引导与传递
		K12	塑造金牌服务意识	S18	团队沟通与协作	A9	情商修炼
		K13	员工辅导的艺术				
		K14	呼叫中心现场管理				

3. 管理培训

按照员工层级，可以将培训课程划分为基础课程和管理课程。前文主要关注的是基础课程。相对而言，管理培训是指针对企业基础管理岗位的培训。在实践中，很多企业的基础管理人员都是从绩效优秀的员工中选拔出来的。

对于新晋的基层管理人员，很可能会出现以下两种类型：第一，按部就班型管理者。这种类型的新晋管理者不知道自己该做什么、怎么做，不敢去探索和尝试。第二，激进冲动型管理者。这种类型的新晋管理者想做事，期望尽快带领团队脱颖而出，但缺乏必要的管理技能，带不好团队成员，往往成为孤家寡人。因此，针对基层管理人员的管理培训应能有效地帮助新晋管理者度过职业上升期的困境。

案例

国内某人力资源服务外包公司 COE 员工提升培训项目

国内某人力资源服务外包公司在为某发包单位提供外包服务的过程中，拟定了“COE 员工提升培训项目”，旨在通过有针对性的分层分阶训练，让参与对象提升综合管理素质与能力，增强团队凝聚力和战斗力，进而增强外包服务的核心竞争力；培训对象为组长、主管、经理、储备干部等。该项目仍在执行过程中，旨在持续提升该外包项目的服务满意度。

表 8.3　国内某人力资源服务外包公司管理培训课程

阶段	课程名称	执行时间
1	金牌面试官	3 月 23 日
2	管理者思维蜕变与管理落地工具	4 月 24 日
3	科学发声	4 月 25 日
4	数据分析与绩效飞轮	5 月 17 日
5	教练式员工辅导技术	5 月 18 日

续表

阶段	课程名称	执行时间
6	“金牌面试官”辅导	7月26日
7	“数据分析与绩效飞轮”进阶	10月12日
8	项目管理核心技能	12月18日

8.3.2 基于任职资格的岗中培训

外包员工的职业发展可能受到来自两个方面的阻力：第一，发包单位不太关注外包员工的职业发展；第二，外包员工担心自己的外包身份而遭受职业发展瓶颈，不愿意长久作为外包人员。为了解决这两方面的问题，人力资源服务外包公司需要建立外包员工的职业发展通道，激励外包员工为人力资源服务外包公司提供持久的服务。

由于人力资源服务外包公司服务的行业、岗位比较集中，且外包的岗位人数一般较大，所以应针对岗位建立任职资格标准和优秀行为标准，以培养员工的职业化能力，为外包员工提供职业发展通道；并应基于任职资格体系制定培训体系。任职资格体系建立步骤如下。

1. 任职资格标准的开发

任职资格标准体系的建立是一项较为复杂的工作，任职资格标准的开发步骤如下。

(1) 业务/职能分析。

人力资源服务外包公司基于公司对相关业务领域的发展要求与人员能力现状，对现有人员进行能力分级，同时根据服务项目行业、岗位的特点，对职位进行分类。以某人力资源服务外包公司为例，其服务对象主要是互联网以及金融行业的客户，该外包公司将职位分为销售类、客服类、车辆运营类、审核类等不同的子类。除了专业序列之外，人力资源服务外包公

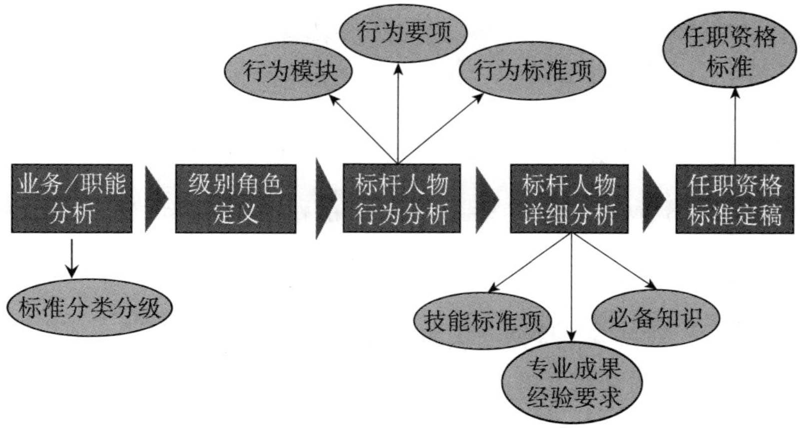

图 8.2　任职资格标准开发步骤

司也需设置相应的管理序列，根据不同的类别建立不同的任职资格标准，从而为员工提供双向的职业发展通道。

（2）级别角色定义。

人力资源服务外包公司将所有的职位进行分类之后，应该对不同序列的岗位类型设置不同的等级。一般将管理类设置成三个级别：初级管理者、中级管理者、高级管理者。对于专业序列，可以根据岗位的特性以及发包单位的特点，设置 5—10 个不同的等级，每个等级进行相应的角色定义。

（3）标杆人物行为分析。

人力资源服务外包公司可以根据不同的职位序列，与发包单位配合，选取每个职位序列的标杆人物，一般选取绩效排名在前 10%的员工作为标杆人物。通过对标杆员工的访谈和现场观察，分析和总结标杆人物的行为模块、行为要项和行为标准项。在分析标杆行为时，人力资源服务外包公司不能局限于某一个外包项目的同一职位行为，而是应基于多个有共性特点的行业、岗位类型进行行为分析，制定一套系统化的行为标准。这样一来，也可以帮助发包单位除了了解自己员工的关键成功行为外，同时也能够了解同行业优秀的做法，作为对自己员工的管理的参考。

(4) 标杆人物技能分析。

工作技能是决定工作结果的重要因素，在分析标杆人物关键行为的基础上，应进一步分析标杆人物的关键知识、技能和能力，例如，打字速度、客服经验等技能，并根据不同的等级对技能标准、专业成果要求、必备知识设置不同的标准。如，某互联网公司的能力行为标准为业务能力、项目能力、分享能力、培训能力、数据分析能力、业务流程推动能力，人力资源服务外包公司应根据不同的等级，对各种能力制定不同的标准。

(5) 任职资格标准定稿。

人力资源服务外包公司经过业务职能分析、级别角色定义、标杆人物行为分析和标杆人物技能分析后，可以确定职业化标准的基本内容。人力资源服务外包公司的专业团队应进行整体框架的搭建、标准的撰写，同时可以跟发包单位进行沟通讨论，最终确定具有可操作性的标准。一般任职资格标准的设置如图 8.3 所示。

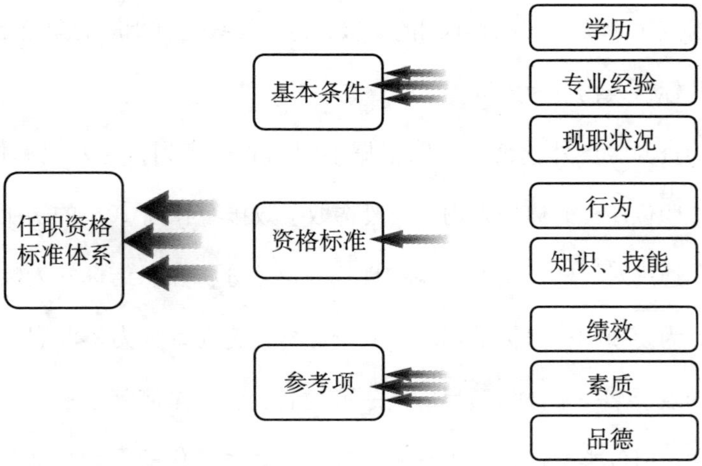

图 8.3　一般任职资格标准图

2. 任职资格评价体系的建立

任职资格标准制定之后，人力资源服务外包公司应根据不同的行业、岗位制定一套评价体系。对于资格标准中的知识、技能方面的评定，一般通过考试、测试的方式进行，如客服岗位的产品知识考试、专业知识考试等。对于资格标准中的行为部分，一般通过日常观察、举证、情景演练、第三方评价等评价方式进行，如日常工作的工作文档、360°评估等。评价可由外包公司专业顾问团队和发包单位共同组成。表 8.4 列出了国内某人力资源服务外包公司设计的员工级别评定方式，通过对不同级别员工的特征、准入门槛和考核方式的精细描述，建立一套完整、实用的任职资格评价体系。

表 8.4　国内某人力资源服务外包公司的员工级别评定方式表

级别	级别特征	准入门槛	考核方式
★	初级员工：具备基础工作技能	通过试用期考核，成功转正	通过初级技能考核（考题来源于产品和话术知识库）
★★	熟练员工：具备熟练的工作技能和较长时间的工作经验	担任★员工半年以上，业绩在最近的连续两个季度考核中位于部门前 30%	通过中级技能考核（考题来源于分享知识库以及话术和产品知识库）
★★★	优质员工：优秀的工作技能和已被证明的优异工作能力	担任★★员工一年以上，业绩在年度考核中位于部门前 30%	通过高级技能考核（考题来源于分享知识库、话术和产品知识库以及培训知识库）
★★★★	骨干员工：全面卓越的工作能力，能够帮助团队更好地完成业绩	担任★★★员工一年以上，业绩在年度考核中位于部门前 15%	通过高级技能考核，且分享知识点所产生的 KPI 成绩达到晋级标准之上

续表

级别	级别描述	准入门槛	考核方式
★★★★★	储备管理干部：在完美完成本职工作的同时，已开始具备管理能力，并将提升整个团队的业绩作为工作的一大重心	担任★★★★员工一年以上，业绩在年度考核中位于部门前15%	通过高级技能考核，并且通过绩效改进方案答辩

3. 基于任职资格体系的培训课程设置

通过任职资格体系的建立，人力资源服务外包公司能够确定每个等级的外包员工行为标准。通过任职资格认证的评定结果，人力资源服务外包公司可以发现外包员工在每个阶段能力方面的不足，逐步建立并实施分层分阶的培训体系。

培训课程设计原则包括以下三点：(1) 根据任职资格标准确定系统性的培训需求课程；(2) 根据任职资格认证发现员工的短板，组织有针对性的培训；(3) 根据不同等级设置不同的课程。图 8.4 是国内某人力资源服务外包公司基于任职资格体系开发的培训课程设置，具体展示了课程的进阶性和分类性特征。

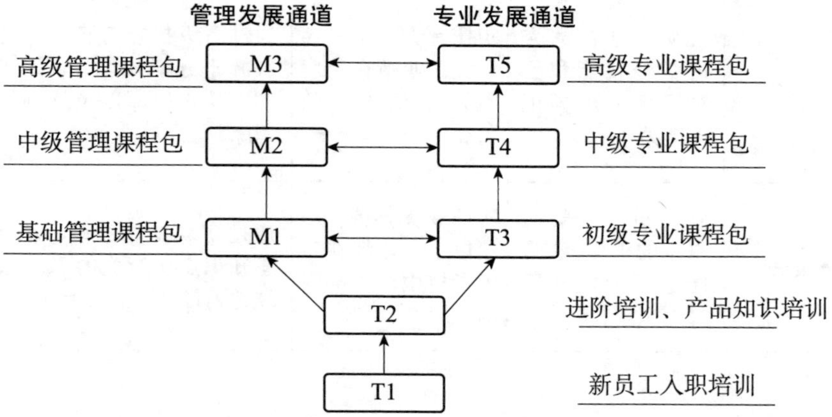

图 8.4　国内某人力资源服务外包公司基于任职资格体系的培训课程设置

8.3.3 基于员工帮助计划的持续培训

员工帮助计划是企业为员工提供的系统的、长期的援助与福利项目，通过专业人员对企业以及员工进行诊断和建议，提供专业指导、培训和咨询，帮助员工及其家庭成员解决心理和行为问题，提高绩效及改善企业氛围。员工帮助计划的服务模式和内容包含工作压力、心理健康、灾难事件、职业生涯困扰、婚姻家庭问题、健康生活方式、法律纠纷、理财问题、减肥和饮食紊乱等，全方位帮助员工解决个人问题。

对于人力资源服务外包公司而言，要帮助外包员工解决企业归属感低、职业发展通道狭窄及工作不确定等问题，需要持续地从心理的角度进行干预。人力资源服务外包公司可以在员工培训与发展的三个方面，实施员工帮助计划。

1. 以心理健康培训为核心的服务体系

人力资源服务外包公司可以针对基层员工、基层管理者分别进行系统培训，从压力管理、情绪管理、沟通技能、个人发展、家庭和谐、子女成长、生活保障等方面给予全方位的心理支持。通过培训之后，受训员工将了解心理健康及自我保健的重要性，提高抗压性，学会轻松面对生活的心态调整技能，从而全面提高心理素质，最终帮助企业构建可持续发展的企业文化心理支持体系。在整体的工作氛围有了基本的转变后，可以针对个别及小范围员工存在的问题，再开展个体、团体咨询，帮助员工随时缓解工作与生活的压力。

某大型人力资源服务外包公司联合国内心理学领域知名专家及心理咨询师，设置“400”服务热线，坐席中心的接听人员全部通过心理咨询师认证考试。员工可以 24 小时打通服务热线，得到心理咨询师的专业辅导。对于一般性问题，做到在线解决；对于特殊或者突发事件，例如自杀、犯罪等等，转介或者预约专家处置。

2. 以拓展职业晋升通道为核心的服务流程

为了改善外包员工的企业归属感，拓展职业晋升通道，人力资源服务外包公司可以为员工搭建职业发展双序列，让外包员工享受和正式员工一样的晋升机会，从而明确职业发展方向、增强工作动力。发包单位可以优先从业绩优秀的外包员工中选择转正员工，从而激励外包员工努力工作，在实现职业发展目标的同时也能完成企业目标。

案例

国内某人力资源服务外包公司的职业成长活动

国内某人力资源服务外包公司推出了一项内部讲师“海选活动”。这项活动一方面可以为外包员工开拓宽广的发展平台、丰富业余生活、促进个人成长学习、最大化实现个人价值，另一方面也能帮助发包单位发现和挖掘更多的优秀人才，实现员工的持续成长，做好讲师队伍的搭建及专项人才储备。

该项活动的报名条件为：在外包工作岗位上工作了 6 个月以上的绩优员工；由个人自荐及发包单位推荐的员工；有培训讲师工作经验或者有志愿成为一名培训讲师的员工。

该项活动的具体流程为：符合报名条件的员工需要录制一段视频，由该外包公司培训学院的专家进行评议，在全国每个区域中心评选出多名候选人。最终的评比以现场演讲的方式进行，每个区域评选出冠军、亚军、季军，进行奖励。

该项活动的评选结果为：该外包公司与入选员工签订兼职讲师服务协议，公司将定期邀请其做行业经验分享或者专题培训，并以协议约定的课时费用进行奖励。至于没有得到冠、亚、季军的选手，纳入讲师人才库，会邀请其参加后续的讲师培训，并使其按照获得的认证逐渐晋升为兼职讲师。

这样的活动不但扩展了该公司外包员工的职业发展通道，激发了员工的工作热情，有效解决了外包员工的企业归属感低的问题，而且，也控制了流失率。

3. 以心智模式训练为核心的服务项目

心智模式是个人持有的关于自己、别人以及世界每个层面的形象、假设和故事。心智模式根深蒂固于人的心中，决定了人们如何认知周围的世界，包含所处的环境如文化、家庭、组织以及自己的人生。

近年来，心智模式训练被广泛应用于企业行为学教育、企业管理、人机交互等领域。心智模式训练是指从团队中每一个个体的行为表达和心理状态出发，用工具和方法去识别、观察、分析个体固有的心智模式及由此衍生的各种问题，通过咨询、教练和辅导的方式打破原有认知，从而调整个体在团队中呈现的状态与应对模式，为突破自身及企业发展障碍和瓶颈做好充分准备。

心智模式训练的直接意义在于：（1）帮助管理者从心智角度更好地了解自己的团队，理解由固有心智模式所造成的问题和阻碍；（2）作为管理者提升自身管理能力、支持管理实践、减轻管理压力的有效工具之一；（3）扩展员工认知视角，挖掘和激发个体心理潜能，提高面对快速变化情境的适应能力；（4）增进企业及团队成员的亲密感，增强归属意识，塑造积极健康的团队氛围。

心智模式训练的间接价值在于：(1) 激发员工的工作热情，提高其工作投入度；(2) 降低员工因心身问题引发的病假、缺勤率；(3) 降低团队成员离职率，提高团队稳定性；(4) 预防因心理风险而导致的各类危机事件。

案例

国内某人力资源服务外包公司的心智模式训练

某人力资源服务外包公司开发了自己的心智模式训练体系，如表 8.5 所示，实践结果表明，心智模式训练能够有效提高员工的工作投入度、提升企业绩效。该训练模式曾服务于上百个小团体或小规模的组织，涉及金融、通讯、制造业等行业。历时三年的培训跟踪表明，90%以上的企业都获得了不同程度的收益。

表 8.5　国内某人力资源服务外包公司心智训练课程

章节	模块	内容
Part 1	心智模式测评及解析	出具团队报告及专业解读
Part 2	管理者教练	管理者专项辅导
Part 3	个体辅导	“一对一”个性辅导
Part 4	团队发展性对话	团队引导对话
Part 5	心智模式团体辅导	四大主题方向可供选择

8.4　人力资源服务外包中培训的服务价值

8.4.1　组建高效的服务团队，支持发包单位迅速开展业务

大量选择人力资源服务外包模式的发包单位，大多处在初创或业务快速扩张期，或者忙于抢占市场先机，或者出于人工成本优化的考虑，难以

配置专职的培训团队，无暇对大量的新员工进行基础培训。

人力资源服务外包公司可以提供经过培训的高效团队。如果是新组建的服务团队，在员工入职之初，由人力资源服务外包公司进行基础培训（公司介绍及规章制度类、基本职业技能类、职业心态类），可以确保外包员工掌握从事岗位工作必备的知识和技能，理解公司的行为规范。此外，发包单位只需要对外包员工进行基本的业务技能（如操作手册、工作平台、产品知识等），外包员工即可正式上线开展工作。

8.4.2 打通内外部员工成长体系，激发企业效能

人力资源服务外包公司可以利用专业培训平台，帮助发包单位构建专业的培训体系，建立员工晋升发展通道。人力资源服务外包公司除了为外包员工设置专业或管理序列晋升通道以外，也可以提供跨项目的发展的空间，让外包员工可以不拘泥于单个外包项目的局限，在更为广阔的平台上成长和发展。通过人力资源服务外包公司搭建的人才发展平台和丰富的人才库，发包单位也可以有更多的优秀人才待选择。

8.4.3 打造学习型企业，营造高效能的企业氛围

相对于培训机构提供的课程体系，人力资源服务外包公司的培训服务最大的特点在于：更加贴近业务，持续跟进改善。在整个用工过程中，人力资源服务外包公司协同发包单位，通过培训前的需求调研、培训方案制订、培训实施、培训效果评估，能够闭环地跟进培训效果落地，真正帮助员工提升认知、调整心态、提高技能，打造学习型企业的氛围，营造高效能的工作氛围。

9. 人力资源服务外包中的绩效管理

管理大师彼得·德鲁克认为："所有的组织都必须思考'绩效'为何物，这在以前简单明了，现在却不复如是。策略的拟定越来越需要对绩效的新定义。"不同的学者对绩效有不同的界定，现有研究中主要有三种观点：第一种观点认为绩效就是结果，如伯纳丁（Bernarding）等（1984 年）认为："绩效是在特定时间范围内，对特定工作职能、活动或行为产出的结果记录"。第二种观点认为绩效是行为，如墨菲（Murphy，1990 年）对绩效的定义为："绩效是与一个人工作的组织或组织单元的目标有关的一组行为"；坎贝尔（Campbell）等指出："绩效是行为的同义词，它是人们的实际行动，应该与结果区分开"。第三种观点认为绩效是行为和产出的结合，如布伦布拉奇（Brumbrach，1988 年）认为绩效是行为和结果，行为由从事工作的人表现出来，将工作任务付诸实施，行为本身也是结果；莫维塔（Mwita，2000 年）认为绩效是一个综合的概念，它应包含三个因素：行为、产出和结果。综合众多学者的研究成果，通常认为，绩效是指组织及个人的履职表现和工作任务完成情况，是组织期望的为实现其目标而展现在组织不同层面上的工作行为及其结果；它是组织的使命、核心价值观、愿景及战略的重要表现形式。

随着人们对人力资源管理理论和实践研究的重视，绩效管理逐渐成为一个被广泛认可的人力资源管理过程。绩效管理本身代表着一种管理思想和管理观念，是对绩效相关问题系统思考的集中体现。关于绩效管理的内涵，理查德·威廉姆斯在《组织绩效管理》中将绩效管理的观点归纳为三种体系：第一，绩效管理是管理组织绩效的系统，其代表人物为罗杰斯(Rogers)等人，他们强调通过对企业结构、生产工艺、业务流程等方面的调整来实施企业的战略目标，员工不是重要的考虑对象。第二，绩效管理是管理员工绩效的系统，艾恩斯沃斯（1993年）、奎因（1987年）、斯坎奈尔（1987年）等人把绩效管理当作企业对员工的业绩和潜在能力的评价和赏罚，强调以员工为绩效管理概念的核心。第三，绩效管理是综合管理企业和员工绩效的系统，也就是企业与员工整合的绩效管理，中国人民大学彭剑锋教授认为，绩效管理的根本目的是持续改善企业和个人的绩效，最终实现企业战略目标；雷蒙德·A. 诺伊等认为绩效管理是指管理者确保雇员的工作活动以及工作产出能够与企业目标保持一致的过程，是企业赢得竞争优势的中心环节。绩效管理的主旨是系统思考和持续改进，它涉及对企业战略的分解、各级考核者和被考核者充分沟通以确定目标责任和工作计划、通过绩效监控系统对企业各层级的绩效状况进行监控并为各级管理者提供决策支持。绩效管理体系有助于强化员工的工作动力和自我认知与开发，更加清晰地界定工作的内容及需要达到的标准，使管理活动更加公平。

绩效管理是一个往复循环的过程：制订绩效计划/目标──→进行绩效辅导和监控──→绩效考评和经营检讨──→绩效结果的应用和反馈激励新一轮的绩效计划/目标的制定。该循环过程简称为绩效管理体系中“PDCA”循环过程，过程中涵盖了前馈控制、同期控制和反馈控制三个环节，能够充分体现现代绩效管理的动态性、系统性。

9.1 人力资源服务外包在绩效管理中的优势和价值

9.1.1 借助法律专业性和沟通优势调校绩效考核目标

设定绩效考核目标是展开绩效管理的第一步，在实践中，绩效目标的设定也常常成为困扰企业的管理难题，此时人力资源服务外包公司的价值在于，借助专业性和沟通优势进行绩效考核目标的设定和优化：一方面，绩效目标模糊、不可衡量等问题成为企业考核员工甚至解除合同时的障碍，而人力资源服务外包公司可以借助自身法律知识和政策掌握方面的专业性，解决这类问题；另一方面，人力资源服务外包公司通过与外包员工的密切联系和沟通平台，也能够更好地了解员工诉求，调整不恰当的绩效目标，让员工对绩效目标更有共识，从而促进绩效目标的达成。具体来说有以下几方面内容。

第一，实践中，企业在设定绩效目标时更多会考虑目标的水平能否有效激励员工积极工作，并进一步促成企业战略目标的实现。从业务发展角度考虑，这种认识和管理做法是无可厚非的，但是随着劳动法律环境的变化，绩效目标设定被赋予了更多合法合规的要求，在实践中我们常常看到这样的案例：企业希望根据某位员工业绩不达标来进行调岗、培训乃至协商解除劳动合同时，才发现这种业绩不达标的结果缺乏有效的目标设定支撑：目标设定模糊、员工对目标设定不认可、目标没有量化等问题，都制约了企业管理目标的实现。

在这样的现实环境和背景下，人力资源服务外包公司的专业性和价值就得到体现：一方面，人力资源服务外包公司可以借助自身在法律知识和政策掌握方面的强专业性，为企业提供合法合规且更有操作性的目标设定建议；另一方面，人力资源服务外包公司也能够根据大量的外包经验和案例处理经历，为同类岗位的目标设定给出更有实操价值的建议。

第二，绩效目标的设定过程中，沟通环节是非常重要的。一方面，企业需要将目标层层分解并清晰地告知给员工，以避免法律风险；另一方面，员工的认可和将目标内化，也是绩效目标达成的重要心理基础。但是，囿于时间和精力，多数企业的人力资源部门和业务部门负责人无法做到有针对性的细致化的绩效目标沟通，这就有可能使这些绩效目标“带伤上阵”，在企业和员工并未达成心理契约的情况下运行。人力资源服务外包公司在这方面的沟通优势就得以集中体现：在分解和制定绩效目标时，根据业务的复杂程度，人力资源服务外包公司的驻巡场 HR 会积极与业务主管协同配合，利用驻巡场 HR 密切接触员工的优势，与员工进行充分的沟通，让员工认同个人的绩效目标，让其明白设置具体绩效目标的作用所在，明白个人目标是为整个外包项目目标达成服务的，从而支撑发包单位战略目标的达成。

第三，人力资源服务外包公司通常会派驻巡场 HR 到发包单位，驻巡场 HR 在绩效管理中可以利用沟通优势对绩效考核目标进行调校；通过参与外包项目的招聘培训及日常管理全流程，实现对业务的深入了解，帮助外包项目准确地下达绩效指标。尤其是对一些快速扩张的新兴互联网项目来说，其绩效考核制度随着业务的调整不断变化，但推行一套绩效考核办法，宣贯并让员工理解接受，通常需要一两个月甚至更长的过程，而这时就需要专业团队帮助其推行绩效考核办法并落地执行，人力资源服务外包公司的驻巡场 HR 就能切实履行这一职能。驻巡场 HR 通过与员工的深入沟通和辅导，让员工能更好地理解和接受考核目标与考核背后的目的；同时积极收集、反馈员工关于绩效目标设置的一些合理化建议并协助优化绩效管理制度，避免因目标设置简单粗暴、强压指标等行为，造成员工对绩效目标的抵触，让绩效考核真正产生激励的作用。

案例

A公司外包项目绩效变动劳动争议

从企业经营与员工管理角度看，绩效往往与员工的收入直接相关。绝大多数情况下，这种收入（一般称为绩效奖金或奖励等）均属于“劳动报酬”的范畴。

在目前的劳动法律实践中，若员工的劳动报酬提升基本不会引发劳动争议；但如果员工的劳动报酬下降，则员工提出争议时，用人单位要承担很重的举证责任，证明劳动报酬下降的合法合理性。而且，随意变动绩效考核制度，导致员工薪酬大幅下降，往往会被司法机关认定为变相降薪。此外，很多企业自身运作不规范，导致考核制度没有做到公示或者未保留相应的证据，导致最终无法向司法机关提交相关证明，以致败诉。

某人力资源服务外包公司X公司就处理过某互联网金融公司G公司的催收岗位外包员工因绩效考核标准变动导致的劳动争议。G公司催收岗位原基本工资为3 000元，根据公司的绩效考核办法，员工一般绩效奖金可以达到3 500元～5 000元。后来G公司为要求员工达到更高目标，未经通知X公司，G公司业务部门及人力资源部门直接组织外包员工开会，说明新的业绩指标及考核制度，在开会时当场做了讲解。根据该考核办法，员工按照原先业绩完成情况，每月奖金直接降为1 000元～1 500元。X公司得知此情况后，从专业的角度劝说G公司：(1) 尽量避免直接降薪的粗暴做法；(2) 如果G公司坚持己见，至少提前与X公司沟通，并与员工签订考核方案。最终，G公司仅仅将该考核制度的邮件补发给员工，对于X公司的其他建议置之不理。由于此次调整导致员工劳动报酬严重下降，多名员工解除与X公司的劳动合同并针对X公司提起劳动争议仲裁。

在该案件中，尽管G公司向员工发出了邮件，告知了新的考核制度，但是该制度严重影响了员工的劳动报酬（相当于每月平均减少2 000元～4 000元）。最终，G公司的此次绩效调整，不仅导致大量员工流失，还导致多名员工以X公司违反劳动合同法为由解除劳动合同，要求支付赔偿金并补齐工资差额。而X公司最终选择与员工调解结案，支付了金额不菲的补偿金与工资差额，并根据合同约定最终与G公司分担该笔赔偿。

此案中的外包并非纯粹意义上的人力资源服务外包，其中发包单位完全主导绩效考核的设定与变更，并且无视人力资源服务外包公司的合理建议，导致三输的结局。从本案中可以看到，真正的人力资源服务外包，通过外包公司从发包单位的业务发展要求与服务要求，以及服务外包团队的具体情况，设定合理的绩效考核方案，才真正有助于发包单位的业务发展以及外包员工的团队稳定性。

9.1.2 通过管理输出协助提供更具针对性的绩效考核与评估方案

人力资源服务外包公司通过与大量的客户合作，积累了多行业、多岗位的绩效管理样本，对于典型行业、典型职位，能够提供行业先进的绩效管理方法供发包单位参考，实现管理输出；同时还能够提供给发包单位更多的外部视角和思路，结合发包单位自身所处的不同的经营阶段和管理水平，制定出一套适宜的绩效管理办法。在新经济背景下，这一优势愈发显得明显。随着共享经济的浪潮袭来，很多新兴的互联网企业及新型岗位应运而生，这些新兴企业和岗位的管理缺乏可以借鉴的传统经验，不少企业的人力资源部门在面对这些全新类别岗位的绩效管理时遇到了新的挑战，而人力资源服务外包公司可以发挥其规模性和针对性的优势，参考和借鉴一些胜任标准相类似的岗位，提供考核方案。

具体来看，不同类型的企业对外包的需求和考核的需求是不同的，通常人力资源服务外包公司可以提供两种不同场景下的服务，一般能够满足绝大多数发包单位的管理需求。人力资源服务外包公司根据发包单位的服务要求，在外包项目的绩效管理中，扮演的角色主要有以下几种。

1. 主导者

人力资源服务外包公司在考核中扮演主导者通常有两种业务场景。

第一种：长期固定外包。发包单位按岗位、按月或者天甚至按小时为单位对外包服务支付服务费，并不干预外包员工的薪酬结构、绩效考核等，如员工未出勤，则扣除相应的服务费。在这种业务场景中，人力资源服务外包公司需要根据市场薪酬调研情况，合理设置该岗位的绩效考核指标，一方面要确保整体的服务水平能达到发包单位的考核要求，另一方面也要兼顾员工激励、用工成本等综合因素。

第二种：临时用工外包。对这种短期外包，更多的是定量的考核，通过对可量化的工作指标的完成进行考核，如下载 APP 数量、拨打电话数量等，并支付相应的薪酬。

2. 辅助者

如前所述，由于某些新型业务的复杂性，且发包单位会根据业务发展动态调整考核要求，于是人力资源服务外包公司主导绩效指标设定和绩效考核变得困难。这种场景下的外包合作，通常以发包单位为主导，设置企业战略目标，由人力资源服务外包公司分解为部门考核指标和员工考核指标并落地执行。此时人力资源服务外包公司的职能主要体现在：配合发包单位对外包员工进行制度宣贯、绩效面谈、跟进绩效改进，以及辞退不胜任员工等。

9.1.3 关注现场、实时跟进的绩效面谈与改进

绩效面谈的目的是通过持续的、动态的、双向的沟通，提高员工的绩效。

对于人力资源服务外包公司来说，一方面，基于劳动合同关系，人力资源服务外包公司本身就是外包员工的合法雇主；另一方面，出于提高自身管理合规性的要求，人力资源服务外包公司必须紧贴业务，实时跟进员工绩效，实现发包单位和外包员工的双赢。同时，人力资源服务外包公司特有的驻巡场 HR 日常工作的优势，也使绩效面谈的日常化程度不断提高。驻巡场 HR 除了常规的入离职手续办理外，更重要的职责就是对流失率的管控。为了保证团队的稳定性，驻巡场 HR 势必要花更多的精力去关注外包员工的绩效行为达成、绩效的波动，通过日常的员工访谈、员工满意度调查、绩效面谈等方式，对员工的绩效实时跟进。

不过从理论上来说，由于人力资源服务外包公司对外包员工有直接的用工管理权限，员工实际上是人力资源服务外包公司的雇员，所以应该由人力资源服务外包公司与员工进行绩效面谈。但是在实际操作过程中，由于业务的复杂性和变化性，大多数人力资源服务外包公司参与业务较少，委派的驻巡场 HR 很难独立完成对员工的绩效面谈，通常需要发包单位的业

务管理人员参与，双方配合。在操作过程中，双方都需要注意以下几点注意事项。

（1）明确考核目的。

由于是外包员工，绩效考核容易流于形式，让员工觉得是为了考核而考核，仅仅是作为发放绩效奖金的依据。在绩效面谈的过程中，需要让员工明白，绩效考核是一种管理手段，而不是管理目的，考核的目的是帮助企业和员工持续提高。

（2）按照 PDCA 管理循环闭环管理。

（3）所有的考核办法、考核目标、考核量表、绩效确认书等文本，均应以人力资源服务外包公司的名义输出，并妥善存档。

该环节往往是一些人力资源服务外包公司容易遗漏的。由于发包单位对业务发展进行主导，人力资源服务外包公司也就将绩效管理全权让渡给发包单位执行，所有的绩效宣导材料、绩效考核量表、绩效面谈确认书等，均以发包单位名义发布。一旦发生劳动争议，如外包员工不满人力资源服务外包公司的辞退决定，需要人力资源服务外包公司举证员工绩效连续不达标等时，人力资源服务外包公司将无法举证，面临支付经济补偿金的风险；而发包单位则面临假外包真派遣的认定后的责任风险。

（4）把绩效面谈作为拉近与员工之间的距离的一次良好机会。

外包员工由于身份的特殊性，容易缺失对发包单位的团队融入和认同感，但每个外包员工都会关注跟自己的切身利益直接相关的绩效成绩，因此，人力资源服务外包公司应特别关注绩效面谈的意义，不仅将绩效面谈作为告知成绩的渠道，而且将其视为了解员工心理的重要方式。通过绩效面谈，可以有效地向员工进行如下交流：持续传递发包单位的战略目标；

准确评估该员工的工作业绩；肯定员工取得的成绩，鼓励其进步；指出不足并共同分析原因及找出改善办法，制定下一周期绩效改进目标。

案例

S 公司外包项目绩效访谈及改善

S公司是国内知名的电商客户，有2 000人左右的客服坐席，分别外包给四家不同的外包公司。在合作之初，员工月度流失率达到16%，人员稳定性较差。在岗员工多为入职半年以内的新员工，绩效较差，奖金低，员工流失加剧，形成了一个恶性循环。某人力资源服务外包公司（简称“R公司”）进驻项目后，除了在招聘和培训方面加强人员输出及培养以外，对于在职的员工绩效提升，制订了“员工帮扶计划”，具体做法为：每月梳理出上月绩效排名后10%的员工，与小组长一起确定需要帮扶的人员名单，同时从绩优的员工中选拔出有意愿、有能力的员工与被帮扶人员结成帮扶小组，一对一进行沟通和辅导。当然，为了避免被帮扶员工在心理上排斥，R公司的驻场HR要就帮扶计划的目的和意义进行提前铺垫，让员工更好地接受，并在过程中持续关注和跟进各帮扶小组的进展情况，每两天跟踪反馈一次，以月度为周期，实时追踪帮扶小组绩效提升的数据，并对进步明显的帮扶小组设置奖励。帮扶人员通常为核心骨干员工，在带教的过程中自身也得到能力的提升。被帮扶人员绩效进步，奖金提高。S公司也看到整体的服务绩效持续稳步提升，R公司服务的客户满意度排名第一。

该案例说明，在人力资源服务外包中，外包公司也可以在绩效管理工作中充分发挥主观能动性，把绩效改善与员工关怀充分结合起来，以更加柔性的方式，帮助员工提升绩效。

案例

U 公司外包项目绩效跟进

U 公司与 R 公司合作了近千人的客服外包。为了更好地提升绩效，R 公司的驻场 HR 通过“新员工跟进表”实时记录并跟踪员工培训期的考试成绩和正式上线后的月考成绩，结合团队负责人对新员工的综合评价，对员工进行持续性的绩效跟进。U 公司驻场 HR，按入职 3 天、入职 1 周、入职 1 个月、入职 3 个月、入职 6 个月为不同周期，分阶段从新员工对工作环境的适应度、培训内容接受度、工作内容、福利待遇等与招聘描述的一致性、业务知识的掌握度、团队的融合度、对绩效目标是否明确、是否能理解并接受绩效目标的设置、对绩效考核结果的接受和反馈意见等维度，进行实时跟进，定期反馈给发包单位的业务部门负责人，共同推进绩效的持续改善。

9.1.4 人才蓄水池管理模式的绩效结果应用

实践中的不少案例显示，绩效考核流于形式的一个重要原因是考核结果没有得到系统运用，即没有与考核对象最为关心的薪酬、晋升产生直接有效关联，从而无法形成绩效管理的完整闭环，对员工的激励和促进作用也因此大打折扣。在人力资源服务外包模式中，人力资源服务外包公司非常重视绩效考核结果的应用，主要是一种基于蓄水池管理式的结果应用模式，主要体现在以下两点：

第一，发包单位将绩效结果作为外包转自有的基础，打造人才蓄水池。一般而言，发包单位在项目启动之初，会设定外包转自有的比例，一般在 5%～10%，即外包员工转自有员工的标准一般为绩效考核排名前 5%～

10%的员工。这样做能够吸引更多的员工接受人力资源服务外包模式，同时对于很多希望转自有的外包员工是一种工作的激励，激励他们不断提升绩效排名，从而转成自有员工。这种方式也在一定程度上给予了自有员工一种职业的危机感——因为自有员工会担心自己的绩效不好，而有可能转为外包员工。这种绩效考核的运用，是一种良性的竞争机制，产生了“鲇鱼效应”，激发了自有员工和外包员工两类主体的工作动力，从而为企业创造更好的绩效。如某知名互联网公司，在与人力资源服务外包公司合作时就约定，每年绩效排名前10%的员工有机会转为自有员工，通过一年左右的时间，共有48名外包员工根据这一制度转为自有员工，目前，这48位员工已经成为该发包单位的核心员工。

以上案例虽然不是一个典型的人力资源服务外包案例，但是现实中的需求较大，其中可以看到通过专业的人力资源服务公司可以为发包单位实现有效的服务管理。

第二，人力资源服务外包公司将绩效结果作为员工职业晋升的基础，打造人才蓄水池。对于人力资源服务外包公司而言，外包员工实际上全是“自己”的员工，通过科学的方法和依据为外包员工提供职业发展通道对于员工激励和管理来说同样非常重要。一般而言，外包员工的职业发展通道来源于绩效考核结果的应用。人力资源服务外包公司会将外包员工的岗位分为3～5个不等的职级，不同职级的员工对应不同的绩效考核标准和薪酬等级，绩效考核的结果作为申请不同职级的基础标准，从而不断激励外包员工改进绩效，达到晋升和薪酬提高的目标。据此，人力资源服务外包公司一方面通过绩效考核的运用，将外包员工进行职级划分，另一方面通过自身的平台优势，可以向不同公司有针对性地输送人才，从而打造人力资源服务外包公司自身的人才蓄水池。

9.2 人力资源服务外包公司与发包单位在绩效管理中协同配合

9.2.1 考核评估中的阶段性考核指标模式

阐述这一问题首先要区分人力资源服务外包与业务外包的区别：业务外包是典型的承揽关系，发包方对承包方的最终成果进行直接考核。而人力资源服务外包除包含对最终成果的考核验收之外，基于新型互联网行业等业务的实际特点，人力资源服务外包衍生出对服务过程中的阶段性成果的验收考核，按照阶段性绩效结果分段收取相应的服务费用。

基于以上原因，在人力资源服务外包中，人力资源服务外包公司设定绩效考核指标通常以人力资源管理的阶段性指标为主，以业务指标为辅，即使存在业务指标也大多是聚集于过程管理。人力资源服务外包公司可以利用人力资源专业与管理优势，根据不同发包单位的要求，一方面建立高效的服务团队，另一方面则聚焦于外包项目人员招聘、保留、考勤、行为规范等各个服务阶段。这种考核评估中的阶段设置考核指标模式，发挥了合作双方的优势，也能够有效呼应双方的职能诉求，在绩效管理过程中能够产生显著的合作溢出效果。

案例

某公司外包项目考核目标设置

某全国知名股份制商业银行客服外包项目的考核目标设定如下：

类别	指标	权重
人力资源指标	复试通过率	10%
	招聘完成率	30%
	入职1个月新员工流失率	8%
	入职6个月新员工流失率	12%
	新员工培训考核通过率	10%
	人员合规性抽查	扣分项
业务指标	工作质量达标率	10%
	出勤率	10%
	工时利用率	10%

从上表可以看出，该银行希望人力资源服务外包公司从人力指标、业务指标各个过程数据进行严格的考核，从而确保外包服务团队的整体绩效指标达成。其中，人力相关的指标占比70%，是主要考核项，业务指标主要考核过程数据。

在该银行与人力资源服务外包公司的合作过程中，因为设置了与银行经营发展直接相关联的指标并进行月度考核，指标清晰可衡量，人力资源服务外包公司的现场管理就十分清晰明了。人力资源服务外包公司分别派驻了一名驻巡场 HR 和一名客服运营经理，分别对两大类指标负责，通过外包公司内部团队的招聘、培训的支持，每个月均能较好地完成考核指标，并在服务费之外获得银行为人力资源服务外包公司达成指标设置的额外绩效奖金。这也是银行在对人力资源服务外包公司进行绩效管理方面的成功实践，充分激发了人力资源服务外包公司的主观能动性和目标达成。这一案例充分印证了人力资源服务外包业务中发包单位专注业务发展和业务管理，人力资源服务外包公司专注人的管理，互相借力，强强联合的特点。

9.2.2 绩效指标设计中的“点十面”模式

具体到绩效指标设计过程来看，发包单位与人力资源服务外包公司的合作方式可以归纳为“点＋面”模式。人力资源服务外包公司更多负责绩效指标设计的“点”，这是指绩效指标设置、调校等具体的操作步骤。当然，这个动作仍然要与发包单位进行深入的沟通，根据发包单位的需要来进行设定。此时，人力资源服务外包公司的规模效应和专业性就得以充分发挥。在实践中两种方式均有出现，即由人力资源服务外包公司独立完成，或由人力资源服务外包公司协助发包单位完成。

发包单位提供对整体项目的考核要求，是为绩效指标设计的“面”。发包单位可以通过外包服务条款的约定，从整体上把控项目的发展目标，确保企业经营指标顺利达成。“面上把控”的职能分工使发包单位可以将关注点提升到更高水平的战略绩效管理层次，更多思考绩效管理助力业务和战略实现的问题。人力资源服务外包公司关于绩效方案的具体操作步骤包括：第一，明确岗位关键职责：根据岗位说明书，明确该岗位的关键职责，用于支持关键考核指标的设置；第二，目标逐级分解：将公司的战略目标逐级分解落实为底层考核目标；第三，设定员工工作指标：员工工作指标的设定需明确具体、可衡量、相互认可、可实现、与企业经营目标密切相关；第四，与员工沟通达成一致：绩效指标设置好后，需与员工进行充分的沟通，确保员工在理解的基础上接受目标的设置，并愿意为了目标而持续改善行为。在履行目标职责过程中，也需要不断地沟通、调校。

9.2.3 绩效面谈和改进中的“指标＋情感”模式

应该说，人力资源服务外包公司和发包单位在关注考核结果方面，有共同的目标，都是为了促进发包单位业务指标的达成和企业发展的实现，并在此过程中提升员工的成长，但是具体来看，双方也存在一些差异：发包单位更加关注业务的持续、稳定发展，因此侧重于“指标”的完成；而人力资源服务外包公司的优势和侧重点在于管人，因此更加聚焦于员工的保留、激励和关怀。两者若能够有机地结合起来，将对于外包项目的绩效改进有良好的促进作用。

在实际的绩效面谈和改进过程中，人力资源服务外包公司更加关注指标背后的情感因素，尤其是对低绩效员工，外包公司常常会通过实时跟进访谈，了解员工绩效未达成的深层次原因，而不是简单地指责和质疑。实际上，绩效不达标有多种因素：员工技能不达标；工作压力大，情绪波动；绩效设置不合理等。人力资源服务外包公司的优势在于可以发挥驻巡场 HR 的纽带作用，居中沟通、协调，调动各类资源支持和辅导低绩效员工，帮助其提升效能，实现企业的经营目标。

9.3 人力资源服务外包在绩效管理中应避免的误区及改进建议

作为人力资源管理中的核心环节，绩效管理中发包单位和人力资源服务外包公司的良好协同能够切实产生“1+1>2”的效果，助力三方的发展成长，不过，在人力资源服务外包中发包单位和员工都会产生一些理解误区，可能会带来一些风险。

一方面，从发包单位来看，一些企业可能会把外包员工当成自己管理的内部员工，说解除便解除；也会把绩效考核与胜任工作的标准混同理解，认为绩效考核不达标的，就可以简单、粗暴地退回给外包公司。而实际上，人力资源服务外包公司解除与员工的劳动合同需要严格遵循《劳动法》等法律法规的规定，不可以任意辞退员工。同时，有些发包单位考虑到业务的保密性，不希望人力资源服务外包公司过多参与它们的绩效考核和业务，这样就导致人力资源服务外包公司在绩效考核过程中没有话语权，人力资源服务外包公司的协同效应也得不到有效的发挥和体现。

另一方面，从员工来看，也会有员工对自身的合同关系和身份存在理解偏差，将发包单位理解为自身的“雇主”，同时认为人力资源服务外包公司是中介公司，是发包单位派来监督他们工作的，因此在面对人力资源服务外包公司工作人员或驻巡场 HR 的绩效沟通和提出改进建议时，不愿意配合，或不愿意表达真实想法。这样会使人力资源服务外包公司的员工绩效辅导产生结果偏差，也很难保证后期绩效的跟进和改善。

无论是发包单位的理解误区还是员工的认知偏差，都给人力资源服务外包公司开展绩效管理带来了不小的难度。那么，该如何营造良好的外包用工环境，确保发包单位能够根据业务的变化实现灵活用工，同时人力资源服务外包公司也能恪守法律红线，不违法解除、暴力辞退，从而保障员工的权益，促进其职业发展？

(1) 发包单位和人力资源服务外包公司对于不胜任的标准和退回的流程需约定清楚，避免随意退回，损害外包员工和人力资源服务外包公司的合法权益。

《劳动合同法》第 40 条第 2 项规定：劳动者不能胜任工作，经过培训或者调整工作岗位，仍不能胜任工作的，用人单位提前 30 日以书面形式通知劳动者本人或者额外支付劳动者 1 个月工资后，可以解除劳动合同。因此，人力资源服务外包公司作为法定雇主，即便可以举证证明劳动者不能胜任工作，也需要履行法定义务：对员工进行培训或者调整工作岗位，通过培训或者调岗，员工仍不能胜任工作的，人力资源服务外包公司方可以辞退员工，但需要提前 30 日以书面形式通知劳动者本人或者额外支付员工一个月工资。在实践中，对员工进行培训或者调整工作岗位，通常需要再花 1～2 个月时间才能证明员工仍不能胜任工作。

新经济背景下，不少企业尤其是新兴行业企业处于业务快速扩张期，没有足够的精力来培养员工和试错，常常会忽略这一法律规定，产生法律风险。人力资源服务外包公司通过外包服务提供了合法的灵活用工通道，让发包单位有更大的用工自由度，更好地发展业务。当然，人力资源服务外包公司也必须依法用工，不能因为发包单位退回，就随意辞退员工，这样只会带来各种劳动争议。可见，这一灵活用工模式实际上对人力资源服务外包公司通过平台培训、辅导退回员工并重新安置的能力要求是非常高的，如果无法妥善安置不胜任工作的退回员工，则外包公司需承担支付经济补偿金风险。

因此，在约定保密协议的基础上，发包单位应与人力资源服务外包公司坦诚沟通，尤其是在讲解公司的考核目标、考核指标等内容时，应充分信任合作的外包公司，以便于外包公司能够按照发包单位的经营目标来管理员工，不会出现对考核指标的理解偏差，从而防范法律风险；同时，在管理的过程中，双方应通过制度化和灵活化的沟通、反馈，将绩效考核落地实施的结果及时反馈给发包单位，从而不断优化完善绩效管理水平，达到提升外包项目绩效的目的。

(2) 人力资源服务外包公司要加强用工管理的规范性。

从新员工入职宣导开始，对于公司的管理规范、绩效目标等，均需要进行宣导并签字确认，绩效考核结果要正式送达员工并签字确认。绩效考核方案发生变化，要正式发文公示，避免简单、粗暴调整绩效考核方案。对于不胜任员工，调岗或者培训的过程要做好跟进记录等等。要通过上述程序和做法的完善确保外包公司可以合法行使辞退不胜任员工的权利。同时，人力资源服务外包公司加强用工管理的规范性也是绩效管理专业性的集中体现，以便于在外包项目绩效管理过程中，能够给出有效的建议，取得发包单位的信任。

（3）人力资源服务外包公司应注意提高驻巡场 HR 的知识专业性，加强与员工的情感联结。

员工对人力资源服务外包公司在绩效管理中扮演角色的认知偏差，常常都是由辅导不专业和沟通不充分造成的。在与员工的绩效沟通中，驻巡场 HR 是一个非常重要的连接点，需要通过专业服务与员工建立良好的情感联结，帮助员工更好地理解绩效管理的目的，共同制定绩效管理目标，并持续用 PDCA 管理循环来改善绩效。一个优秀的驻巡场 HR 在项目中能起到发包单位和外包员工之间的纽带作用，通过尊重和理解双方的利益与诉求，更好地从中协调，使员工真实地感知到外包公司在绩效管理中的价值，从而帮助他们改进认知、改善绩效。

案例

某公司外包项目辞退操作误区

某人力资源服务外包公司（简称“R 公司”）与某企业外包合作过程中，该企业坚持使用自己的规章制度与绩效奖励制度。根据该企业的绩效奖励制度，只有达到标准后的奖励办法，并没有未达到标准后的处罚办法。该企业使用外包员工 6 个月后，认为该外包员工不能达到绩效奖励制度的最低标准，并以此直接通知员工下周不要来企业工作，并直接发出了辞退通知。R 公司直到员工在被辞退的第二周向劳动争议仲裁机构提起劳动争议仲裁时，才被员工告知已经从该企业处办理离职手续。本案中该企业有两个极大的操作误区：一是把外包员工当成自有员工辞退，而外包员工也认为是与该企业发生劳动关系，甚至在提起劳动争议仲裁时首先选择去仲裁该企业。二是把绩效考核当成了胜任标准。根据法理，如果绩效考核没有明确提出员工不达标属于不胜任工作，那么绩效考核不达标的最大处罚就是没有奖金，而不是与劳动合同解除关联在一起。

10. 人力资源服务外包中的薪酬管理

关于薪酬概念，由于观察角度的不同其定义也各不相同。美国当代薪酬管理学者米尔克卫奇从薪酬的主体与客体之间的关系以及薪酬支付的内容和形式这个角度出发，将薪酬概念界定为，“员工这个角色作为雇佣关系的受雇一方所得到的各种货币形式的收入、服务及福利之和”。余凯成等则从另一个角度即薪酬的实质出发，认为首先企业需要计算出员工的贡献度，包括员工的绩效、付出的努力、技能与经验等，而企业则给付相应的回报，实质是公平的双方间的交易交换关系，是员工在向企业出卖其劳动或劳务使用权后得到的相应的所得，简单来说，薪酬就是员工在从事劳动、履行职责并完成任务之后所获得的经济上的酬劳或回报。2000年，美国薪酬协会（WAW）拓宽了薪酬的内涵，提出了“Total Rewards”即总体报酬的概念。这一概念将薪酬拓展至“报酬”，延伸到包含企业因工作而回报员工的每一件事物，或者员工在雇佣关系中获得的每一件事物，从而将“非货币形式的回报”也纳入框架之中，适应了员工拥有越来越多样化需求的趋势。

从薪酬的内涵来看，它是指组织或团体对为其服务的雇员所付出的劳动或作出的成绩所给予的报酬或回报。这种回报涵盖货币薪金等物质形式以及精神回报等非物质形式，也可以称为有形报酬和无形报酬。因此，薪酬的两个类别分别是：第一，工资、奖金、股票以及其他一些物质福利，称为有形报酬。第二，通过表达对雇员的尊重、给予其发展机会以及承认其作出的贡献而注重培养雇员的内在的满足感。这种报酬称为无形报酬。无形报酬能消除有形报酬所带来的消极影响。当前，社会的组织性质和管理模式正在逐渐变化，由此而来的变化是员工对薪酬从注重物质形式逐渐转移到注重非物质形式。

薪酬管理一直是企业人力资源管理中的一项重要模块，企业的薪酬管理，就是企业管理者对本企业员工报酬的支付标准、发放水平、要素结构进行确定、分配和调整的过程。在这一过程中，企业必须就薪酬水平、薪酬体系、薪酬结构、薪酬形式以及特殊员工群体的薪酬作出决策。同时，作为一种持续的组织过程，企业还要持续不断地制订薪酬计划、拟定薪酬预算、就薪酬管理问题与员工进行沟通，同时对薪酬系统本身的有效性作出评价而不断予以完善。一般来说，企业薪酬管理主要包括确定薪酬管理目标、选择薪酬政策、制订薪酬计划、调整薪酬结构等四个方面的内容。

对于传统的企业人力资源管理来说，这些职能与责任的直接归属者是企业人力资源管理部门，一些企业在设计特别人群或特别时期的薪酬制度时，也会借助外部咨询专家的力量。而在人力资源服务外包模式下，与员工发生联系的企业不再是单一的发包单位，而发展为建立劳动关系的外包企业和作为实际服务对象的发包单位。薪酬管理的职能也在两家企业中发生了分割，这种分割不是一种简单的职能模块的划分，而是一种资源整合，是利用人力资源服务外包公司专业性的有效合作与分工。

10.1 人力资源服务外包在薪酬管理中的优势和价值

10.1.1 基于大数据与专业性的薪酬市场水平调查、确定与建议

薪酬调查的目的是了解特定行业、地域或职能类别（如财务、销售、客服）的职位的外部薪酬水平，同时也使企业了解竞争对手的薪酬策略，增强企业薪酬决策的针对性。

对于传统的人力资源管理来说，薪酬调查一般有两种做法：一种是企业自行组织；另一种是把自己的需求提交给外部专门的薪酬调查公司，委托它们代为完成。在人力资源服务外包中，实际上人力资源服务外包公司就具备了外部专门调查公司的“专业性”特征，无论是在技术上还是在减弱竞争对手的保密程度上，都具有优势；同时，人力资源服务外包公司由于服务的范围较广，岗位相对集中，因此有相对更为精准和庞大的数据基础，也可以提高企业薪酬定价的准确性。

所以，尽管发包单位在提出外包服务人员标准时一般都会提出薪酬要求或建议，但人力资源服务外包公司仍然可以根据自己掌握的薪酬市场水平给出合理的建议，包括给出目标职位的最低收入、最高收入、中点收入以及最近的工资增长情况等，帮助外包项目确定更恰当的薪酬水平；另外，当发包单位提出的薪酬水平明显偏离市场水平，出现畸高或者畸低的情况时，人力资源服务外包公司也能够通过既往的数据给出更合理的建议，这也在一定程度上促进了劳动关系和劳动力市场的稳定。在这一职能上人力资源服务外包公司最大的优势就是庞大的后台数据和人力资源管理方面的

专业性。以某人力资源服务外包公司为例：该公司专注于话务中心接线员、客服等岗位的外包服务，公司运行7年，累计服务员工二十余万名。借助强大的信息平台，该公司积累了这二十余万名员工丰富的人事管理信息，其中就包括不同地区、不同规模、不同类型企业类似岗位的薪酬水平、薪酬结构以及调薪过程等信息。这样的数据规模就能够为人力资源服务外包公司向发包单位提供市场水平建议打下扎实的基础，也是人力资源服务外包公司专业性的重要来源。

案例

人力资源服务外包公司利用大数据和专业优势
为企业提供高度精准的薪酬水平建议

某知名互联网公司C在已有业务基础上，积极拓展新的服务领域，自2016年开始在全国超过60个城市展开业务扩张。在这一过程中产生了一系列岗位需求，但是公司人力资源部门感觉到了确定岗位薪酬水平和结构的巨大困难：其一，涉及地区众多，从一线城市到三线城市，一些地方的市场薪酬水平几乎没有可参考的数据；其二，一些岗位属于全新的岗位，缺少成熟的市场薪酬水平可供参考，人力资源部门对薪酬结构和水平难以把握。在这样的背景下，C公司找到了人力资源服务外包公司R。

针对C公司的问题，R公司组建了庞大的薪酬调查团队，开展了细致、精准的工作，重点开展了五项有针对性的工作：第一，利用自身庞大的外包服务覆盖范围，调取公司服务的各类城市的岗位薪酬数据，岗位完全一致的，直接提供建议；城市发展和类型接近的，以相近城市数据为基准，辅以当地求职人员调查，提供建议。第二，通过后台数据库匹配与全新岗位任职资格接近的岗位薪酬数据，并具体到不同的任职能力水平，平均每个岗位给出了三个水平的薪酬建议。第三，针对一些核心和稀缺岗位，细化能力水平，给出同一岗位不同层次任职者的薪酬建议，方便C公司针对求职者的特征提供更准确的薪酬方案。第四，结合C公司提出的竞品名单要求，进行数据搜索与调研，给出与同类企业相比更有竞争力和更有效的薪酬方案。第五，结合招募人员的不同特征与需求，为C公司提供多样化的全面人工成本方案。

经过R公司四个小组连续5天的岗位分析、地区分析、竞品调查、后台数据调取、相关人员调研等工作，R公司为C公司提供了一整套针对不同城市、不同岗位、不同任职资格水平的求职者的完备的薪酬水平及方案和人工成本水平及方案，为C公司提供了高度精准的薪酬水平建议，获得了C公司的信任，加速了C公司招募人员的速度，帮助C公司降低了招募的成本。

10.1.2 桥梁角色下的薪酬调整沟通和反馈

薪酬水平是企业支付给不同职位的平均薪酬，薪酬水平决策对企业的总费用会产生重要的影响：在其他条件相同的情况下，薪酬水平越高，劳动力成本就越高。所以在企业薪酬管理中，企业需要明确和解决三个核心问题：公司在薪酬上采取何种策略，领先策略、跟随策略还是滞后策略？如果采取领先（滞后）策略，领先（滞后）的比例是多少？在总体薪酬中，基本工资占到多大比重？

在人力资源服务外包模式中同样需要解决这三个问题，那么解决方是谁呢？一般来说，在人力资源服务外包模式下，最终确定的支付给外包员工的薪酬水平和具体结构，将由人力资源服务外包公司结合发包单位企业战略、人员类别、支付能力、企业文化等特征予以确定，并可以在薪酬水平或结构的调整中充当重要的沟通、反馈和桥梁作用。表 10.1 是某人力资源服务外包公司的员工答疑及沟通反馈机制平台，详细记录了员工有疑问的信息内容，其中有不少有关薪酬问题的沟通。基于这样的平台，该外包公司通过“关键词自动回复＋人工客服在线实时答疑”的方式解决了员工 80％的疑问；同时还通过驻巡场 HR 的微信和电话＋现场响应，解决其余 20％的个性化需求。应该说，充当发包单位和外包员工之间的桥梁角色能够有效地支撑人力资源服务外包公司协调沟通薪酬调整的优势职能。

表 10.1　某外包服务公司员工答疑及沟通反馈机制平台

序号	操作	姓名	客户名称	发送者	快速回复	创建时间	
1	快速回复 查看回复	张某	A公司	爱饭9 □	已回复	2018/01/26 08:56:57	我的工资怎么查询
2	快速回复 查看回复	李某某	B公司	金龙	已回复	2018/01/25 17:46:02	工资条什么时候能查询到
3	快速回复 查看回复	潘某	C公司	一米阳光	已回复	2018/01/25 17:30:47	工资什么时候能到账呢
4	快速回复 查看回复	李某某	D公司	Lacey	已回复	2018/01/25 17:30:41	请问为什么工资到账了却没有工资条
5	快速回复 查看回复	王某	E公司	Alex	已回复	2018/01/25 17:25:51	我的医保卡什么时候能领取
6	快速回复 查看回复	郑某	F公司	爱饭9 □	已回复	2018/01/25 17:25:35	社保卡的办理需要提交什么资料呢
7	快速回复 查看回复	孙某	G公司	对方正在输入...	已回复	2018/01/25 11:14:52	社保是公司统一办理，还是我们自己去办呢
8	快速回复 查看回复	许某	H公司	浮流~~~	已回复	2018/01/25 10:38:40	公积金账号是什么
9	快速回复 查看回复	冯某	I公司	大白鲨的吻	已回复	2018/01/25 10:38:19	怎么查询社保、公积金的缴纳情况
10	快速回复 查看回复	韩某	J公司	静雪冰蓝	已回复	2018/01/25 10:05:30	公积金提取的流程我想了解一下

在实践调研中，在发包单位工作的外包员工感受到薪酬水平或结构的不恰当时，一般的求助或沟通对象都是人力资源服务外包公司在外包项目的驻巡场 HR，或者人力资源服务外包公司的人力资源管理人员，此时，人力资源服务外包公司就会派出专门人员考察员工不满的原因和实际情况，如果发现员工的积极性确实受到了不当薪酬水平或结构的影响，或者该岗位的市场供求情况、工作性质等发生了变化，那么人力资源服务外包公司即会启动与发包单位的沟通和协商，通过分析这一岗位市场薪酬的频率分布、居中趋势、离中趋势等指标，并结合对发包单位使用该外包项目的服务要求、项目成本等的分析，给出专业的建议，影响发包单位调整预算，从而实现外包项目薪酬水平和结构的良性动态调整，保持员工的积极性和

工作热情，实现三方关系的协调。

案例

人力资源服务外包公司沟通调整薪酬结构，实现发包单位和外包员工的双赢

某大型互联网金融公司B，因业绩快速扩张，销售岗有大量需求，面临人员招聘不到位且流失较大的问题。为了深入诊断和解决这一问题，B公司找到了某人力资源服务外包公司（以下简称“R公司”）。R公司通过分析后台数据库储存的这一岗位的大量市场薪酬数据，了解到这个行业薪酬架构存在很大问题：目前员工基本薪酬较低，提成较高，但对于新入职的员工是不公平的，尤其很多新员工没有足够的信心能够拿到高提成，即便公司有完善的培训体系，也感觉难度和挑战很大。

针对诊断中发现的问题和对项目的深入了解，R公司给客户B公司提出，对新入职前三个月的员工薪酬架构作调整，给他们设定绩效，薪酬变为：基本＋绩效＋提成；同时在不给客户增加成本的前提下，将提成的点降低，经过测算得出降低提成富余出来的金额，将此部分作为绩效。新方案既考核了员工的行为规范，也给员工一个保护期，让他们有时间能够积累足够量的客户资源，将产品知识在这个时间充分掌握。

最终，经过R公司的调研和沟通，该岗位员工原来的薪酬结构——基本工资3 500元＋提成3%（1 000元～2 000元），变为了调整后的薪酬结构：基本工资3 500元＋绩效500元＋提成2.5%（500元～2 000元）。

采用调整后的薪酬标准一段时间后，B公司新入职员工的留存率大大提高，由之前培训期流失的30%降低至25%。同时，R公司还积极与新员工做访谈和沟通，了解他们对这一薪酬方案调整的看法，接近90%的员工表

示：更接受这一方案，能够对自己每个月拿多少钱心里更加有底，也觉得工作更有信心了。

10.1.3 更具专业性和规模效应的薪酬核算与发放

归纳来看，无论是对市场薪酬水平的调研、确认和建议，还是对薪酬水平和结构在运行中的调整与沟通反馈，人力资源服务外包公司的角色和职能主要是发挥专业优势的“待命者”，但是从劳动关系的归属上看，由于外包员工在法律关系上属于外包公司的雇员，因而人力资源服务外包公司有责任进行员工日常薪酬发放、考核结果收集汇总、根据结果调整发放数额等工作。具体来看，人力资源服务外包公司的薪酬管理职能包括：第一，社保/公积金管理：社保基数审核、申报、缴纳，账户合并与转移及保险理赔；公积金基数审核、申报、缴纳，账户合并、公积金贷款、支取等咨询；第二，薪酬管理：考勤及绩效统计、薪酬核算、薪酬发放、薪酬自助查询、个税申报；薪酬绩效结构设计及优化；第三，福利管理：员工福利方案设计及执行。

薪酬专员的具体工作包括：原始薪酬数据收集；工资表编制与核对；月账单编制与核对、发票的开具与送达；异常个人账户处理、员工发薪答疑；发生劳动争议，主导妥善协商解决，保证客户声誉；进入仲裁或诉讼程序，由专职法律顾问团队提供专业支持等。

由于具备人力资源管理的专业性和大规模数据处理的规模效应，人力资源服务外包公司一般都会引入信息平台进行管理，从而大大提高了数据处理的准确性和高效性；同时也将看起来只是日常职能的薪酬核算和发放工作赋予了风险控制的内涵。通常来看，外包服务在日常薪酬管理中的重要职能和价值表现在以下几个方面。

1. 利用系统和平台优化考勤管理

考勤是薪酬核算的基础，考勤涉及排班管理、请休假管理、外勤人员移动考勤等多种复杂情况。传统的企业考勤管理通常是使用打卡机管理。对于呼叫中心复杂班次、全国分布多地的外勤岗位等考勤，传统的考勤方式已经不能适应业务的需求，大大增加人力资源部门核对考勤的工作量，还可能会因为考勤管理的真空，造成出工不出力、“吃空饷”等比较严重的管理事故。人力资源服务外包公司服务大量企业和员工，具备规模化优势，通常具备自己的信息化管理平台，可以根据项目特点配置科学的考勤系统，如对呼叫中心外包项目进行系统排班管理，对外勤人员进行 APP 移动考勤管理，可实时记录员工行动轨迹；员工请假、休假申请可直接通过微信公众号进行提交，由业务经理在后台审核，简单高效，也省去了月末大量的核对考勤的时间，大大提高管理效能。

2. 信息技术和专业法律背景助力应对多种工时制度的使用

我国目前有三种工作时间制度，即标准工时制、综合计算工时制、不定时工时制。综合计算工时制是指企业因工作情况特殊或受季节和自然条件限制，需要安排职工连续作业，无法实行标准工时制度，采用以周、月、季、年等为周期综合计算工作时间的工时制度。不定时工作制，是指企业因生产特点不能实行标准工时制，经劳动行政部门审批，对某些职工实行的每日没有固定工作时数的工时制度。在外包模式下，特殊工时的应用场景非常多，一些缺乏经验的企业人力资源部门往往会忽视两个重要事项，从而造成用工风险，而这恰好是外包公司的优势所在：

首先，企业需要获得劳动行政部门的行政审批，只有依法取得综合工时及不定时工时制度备案，方可与员工签订相关特殊工时制度的劳动合同。人力资源服务外包公司在这方面具有较强的优势：由于人力资源服务外包公司服务项目多，岗位类型丰富，出于服务外包的需要，通常人力资源服务外包公司都会取得相关的特殊工时行政审批。如企业未经特殊工时审批擅用特殊工时，或适用标准工时但不依法安排员工休息或支付加班工资，都可能为企业留下巨大的劳动纠纷隐患；人力资源服务外包公司则会注意管控用工风险，根据岗位特点匹配相应的特殊工时制度。

其次，适用特殊工时也应依法支付加班费。例如，实行综合工时制度的用人单位，计算工作时间的周期不再是以天为单位，而是可以周、月、季、年为单位。这就意味着在一个综合计算周期内某一具体日（或周）的实际工作时间超过 8 小时（或 40 小时），但是综合计算周期内的总实际工作时间不超过总法定标准工作时间的，不算加班。只有在该周期内的工作总时间超过核定的标准时间，才叫加班，支付不低于工资 150％的工资报酬；法定节假日工作的，算加班，支付不低于工资的 300％的工资报酬。实行不定时工作制的劳动者，除法定节假日工作外，其他时间工作不存在加班；法定节假日工作的，支付不低于工资的 300％的工资报酬。

一般企业的人力资源管理在这一点上常常出现管理漏洞，一是因为对这一规定缺乏了解，二是因为受时间和精力限制，在计算劳动者工时时十分吃力。而人力资源服务外包公司借助强大的信息技术和专业的法律背景，能够较好地依法适用特殊工时并支付加班费，并能根据政策合理地帮助外包项目进行工时的筹划，合规降低加班费的支出。

3. 规模化和电子化避免社保、公积金缴存漏洞

社保、公积金管理是薪酬管理过程中企业往往容易忽略但又最容易造

成较大损失的部分。一线岗位员工每个月大量的入离职，使社保报增减员的工作较为烦琐，如果涉及全国多地同时执行，则因各地社保政策差异（有些地方是入职当月报当月社保增员，有些地方是入职当月报次月社保增员），员工离职情形不同［有些员工因上家单位社保未及时报停或转出，企业无法为其增员；有些员工（尤其是外勤员工）离职时未履行正常的离职报备流程，导致企业未及时报社保减员，从而产生社保成本］；等等，都会给企业带来一笔不小的成本。而人力资源服务外包公司通过信息化系统管理，对社保进行核销，对于应收、应付、实收、实付账单每月实时滚动核销，确保企业社保、公积金账单准确无误，并保证员工的社保增减及时、准确。

图 10.1 展示了人力资源服务外包公司在薪酬日常管理方面的价值：看似简单的薪酬发放清单背后实际上蕴藏着大量的数据计算和支撑信息，必须要有强大的与业务匹配的信息化平台作为支撑。这是规模较小或人力资源管理相对不规范的企业难以独立开发或运行的，也是人力资源服务外包公司薪酬管理价值的一种集中体现。

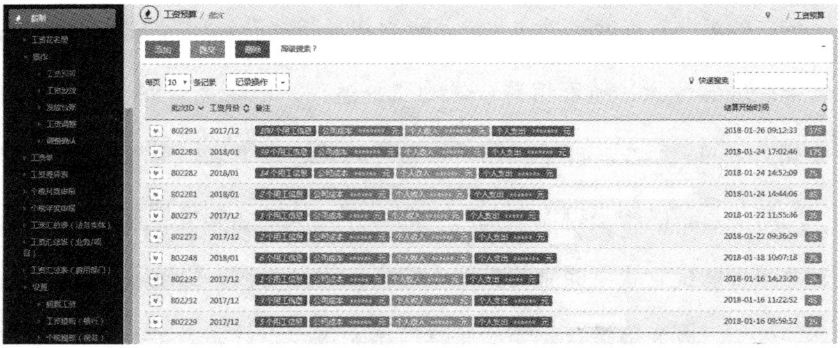

图 10.1　薪酬管理平台信息

10.2　人力资源服务外包给发包单位薪酬管理带来的变化

10.2.1　更加专注于薪酬战略的制定和落实

人力资源服务外包公司的薪酬管理服务将发包单位的人力资源部门和财务部门从烦琐的工资计算、会计凭证订制、会计账簿登记等日常事务性工作中解脱出来，专注于企业的成本核算、薪酬战略制定与贯彻等更具专业性的工作，为保持较高的企业经济收益水平创造了良好基础条件。对于发包单位来说，人力资源服务的外包不仅有助于控制整体用工成本，降低工资发放风险，规范操作流程，还可以在人力资源服务外包公司分担日常薪酬管理工作的基础上，不断将更多的精力投入薪酬管理战略工作中，对员工发展进行激励，使员工保持良好的工作热情，不断为企业发展贡献个人价值。从这个意义上可以说，薪酬管理的职能外包，人力资源服务外包公司和发包单位的分工协作，重新定义了人力资源服务外包薪酬管理的内涵。

传统的薪酬管理普遍关注的是薪酬的基本制度设计和相关的技术方法。在知识经济的今天，随着信息技术的广泛运用，市场竞争的进一步加剧，企业和员工的工作性质和工作动机日益复杂化，用于发挥重要激励和约束功能的薪酬管理已经不再停留在简单的操作、技术和制度层面，它作为一种能有效辅助企业战略实施的重要人力资源管理手段，已逐步被纳入企业战略的框架，成为确保企业经营战略落实的重要工具。更多的企业也开始运用战略驱动的整体薪酬制度，即把薪酬体系与企业战略和业务单元的经营战略有机结合起来，使薪酬战略和薪酬管理能有效地辅助人力资源管理战略，通过高水平的人力资源管理，有效地推进企业战略和业务经营战略的实施。

一个好的薪酬战略和薪酬管理体系设计至少能在三方面影响和推进企业战略的实施：第一，通过设计高效的薪酬管理体系，能帮助企业有效地控制劳动力成本，保持成本竞争优势；第二，通过设计有市场竞争力的薪酬方案，能帮助企业吸纳和保留核心人才，从而使企业保持核心能力优势；第三，通过设计确保内部公平性的分层、分类的薪酬方案，能帮助企业有效地激励员工，改变员工的态度和行为，促进员工的行为与企业目标保持一致，从而推动企业战略有效实施，赢得竞争优势。

10.2.2 薪酬管理效率和能力得到提升

事实上，不仅仅是薪酬管理模块，越来越多的企业人力资源部门的管理工作不仅要有科学合理的管理方法，也要有高效的管理能力作为支持，例如，制定相关的企业人力资源管理体系、利用计算机技术来设计管理软件、构建起全面的员工信息资料库等，这些都需要企业本身投入数额较大的预算来进行开发和维护。如果没有大量的资金和先进的科学技术进行支援，这些都难以得到实现，在将薪酬管理的日常性工作外包给人力资源服务外包公司之后，发包单位将更有意愿和精力将工作的重点放在管理效率和能力的提升。除此之外，发包单位还可以充分利用人力资源服务外包公司的各种专业资源，尤其是在市场薪酬水平、某一职位薪酬体系设计等方面的数据优势，提升企业薪酬管理的专业技能。

另外，对于一些新兴行业和新兴企业来说，薪酬管理的有效性是这类企业人力资源管理的短板，无论是管理人员的专业性，还是对这项工作的重视程度，都是存在欠缺的。外包公司在分担薪酬管理日常性工作的同时，也是发包单位薪酬管理的“培训者”和“影响者”，发包单位的薪酬管理能力也能借由外包公司的服务而得到提升。

10.2.3 薪酬管理成本和风险得以降低

实践中，不少企业选择人力资源管理外包这一方式来改革和调整自身的薪酬管理，很大部分的考虑是成本的降低。一方面，发包单位将薪酬管理的日常性工作进行外包，这样能够直接地利用人力资源服务外包公司先进、专业的薪酬管理和服务，而且几乎不需要进行先期的管理开发和后期的专业维护，节省了大笔的预算，大幅度地降低了企业的成本。另一方面，专业的人力资源服务外包公司先进、合理的薪酬水平确定、薪酬调整沟通以及电子化的薪酬发放管理，也使发包单位在薪酬管理方面的科学性得到提高，提升了企业的管理效率，提升了各类员工——包括自有员工和外包员工——的满意度和自豪感，从而提高工作效率，减少关键人才的流失，也降低了企业的成本。同时，由于薪酬管理涉及劳动者切身的重大利益问题，因而在实践中很容易引发劳动争议，而薪酬管理的外包和职能的恰当分割，能够最大可能地有效降低发包单位的劳动人事风险。

图 10.2 更为直观和清晰地展示了在外包模式下，人力资源服务外包公司与发包单位之间的工作配合关系：发包单位只需要确认考勤数据及提供绩效考核结果（或由人力资源服务外包公司直接考核），确认薪酬及对账单。薪酬发放完成后，系统会自动发送提示短信给员工，员工可以通过微信公众号自助查询薪酬条。可见，通过信息化系统平台，薪酬管理效率大大提高。

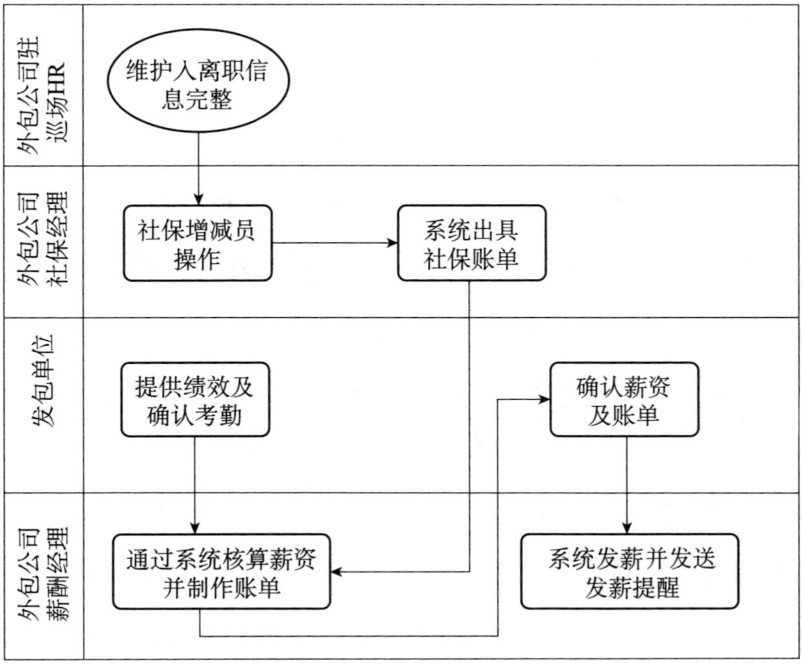

图 10.2　外包公司和发包单位在薪酬管理中的职能分配

10.3　薪酬管理外包服务中的分工协作与发展趋势

10.3.1　薪酬管理混合式协作模式中的外包服务价值

唐（Down）、马迪斯（Mardis）、康诺利（Connolly）和约翰逊（Johnson）（1997 年）按人力资源服务外包程度提出了一个人力资源战略模型，该模型具有三个特点（战略再集中、规模经济、直线输送）；并总结了人力资源服务外包的三种输送模式——建议型、影响型和指导型，三种模式的控制程度由低到高。克拉斯（Klass）、麦克伦登（McClendon）和盖尼（Gainey）（1999 年）按人力资源外包程度制作了一个连续的七点量表：1 表示完全内部决策，4 表示共同决策，7 表示完全外部决策。2000 年，克拉斯和盖尼又提出了三点量表：不依赖、有点依赖和很多依赖。

克拉斯、麦克伦登和盖尼（1999 年）认为人力资源服务外包可分为四类：一般人力资源服务外包、交易型人力资源服务外包、人力资本投资和招聘选拔外包。张明辉（2002 年）总结了人力资源管理的三种类型：事务型、职能型、战略型。事务型指传统的人事管理职能，如工资、福利、档案等。职能型指人力资源管理中的招聘、培训、薪酬、绩效考核等具体职能。战略型则指人力资源规划、企业文化等战略职能。

玛丽·F. 库克（Mary F. Cook，2003 年）总结了四种人力资源服务外包方案：全面人力资源职能外包、部分人力资源职能外包、人力资源工作人员外包和分时外包。分时外包指企业分时间段利用外包服务提供商。

目前相对主流的人力资源服务外包模式集中于建议型和影响型：一方面，发包单位保持相对的自主性和独立性；另一方面，外包公司主要利用自己在人力资源管理某些方面的专业性提供建议和产生更深度的影响。

目前主流的薪酬管理的协作模式是一种混合式的人力资源管理，由企业人力资源部门与外包公司共同履行人力资源管理职能，在发包单位内部建立专门机构的同时，利用外部专业组织或专家为其长期提供薪酬管理服务。

这种协作模式下，对于外包公司在薪酬管理中的价值根据发包单位的不同分类而有不同。

分类一：其一，针对高速发展的成长型企业，人力资源服务外包公司的价值主要在于薪酬管理上的合规性把控，降低企业的用工风险（薪酬的按时、按约定、足额发放）。其二，针对已经比较成熟的企业，人力资源服务外包公司的价值更多体现在专业建议助力企业降低成本，以市场化的薪酬水平吸引和保留适合的员工。以某知名互联网企业 W 公司为例：发包单位自有员工的福利水平非常高，但相比之下底薪的竞争力就有所欠缺，对某些岗位来说吸引力是比较弱的。人力资源服务外包公司会根据这些岗位的大数据，形成向外包项目建议的薪酬结构，产生更具竞争力的综合用工成本，更好地实现用工的社会化。除此之外，无论对于何种发展阶段的企业来说，人力资源服务外包公司掌握的大量的薪酬市场数据都可以为外包项目提供专业的薪酬总额和结构设置建议，一方面，保证以最恰当的薪酬水平招募和保留员工；另一方面也从一个侧面实现了劳动关系在社会层面的合法与和谐，倡导了一种合法、合理用工的氛围。

分类二：其一，针对单点式的企业，由于这种企业可能只在一个城市或地区运营业务，所以薪酬管理外包能够帮助企业减轻烦琐的日常工作，获得更加专业和快速的薪酬管理服务。其二，针对分布式的企业，这类企业网点比较多、架构相对复杂，甚至一些初创企业在一些城市还暂时缺乏管理职能，那么日常的薪酬核算对这些企业来说就是巨大的考验：一方面，多个城市的薪酬事务缺乏统一的管理和规范，发包单位总部也很难对多个城市的薪酬数据做到有效的管控；另一方面，多点的外包项目由于业务管理无法下沉到一线，确实可能会存在管理的真空，发包单位有时候是无法控制的，人力资源服务外包公司的价值和优势就会得到体现：依靠前文所述强大的系统平台，人力资源服务外包公司可以实现分点式的录入，集中审核和管理。分布式企业只需要发包单位总部的人力资源部门与外包公司进行总对总的对接，达成规则，就基本可以交由外包公司来解决管理真空的问题。

表 10.2 更为清晰地介绍了两种分类模式下人力资源服务外包公司在薪

酬管理中的价值：

表 10.2　不同企业分类中的人力资源服务外包公司薪酬管理价值表

	企业类型	薪酬管理中的外包服务价值
分类一	高速发展的成长型企业	合规性把控，降低企业的用工风险
	相对成熟的企业	以恰当薪酬水平实现竞争力最大化
分类二	单点式企业	减轻烦琐的日常工作，提供专业和快速的服务
	分布式企业	实现一点对接，减少管理真空风险

10.3.2　薪酬管理外包中的分工与边界——独立性与支撑性兼顾的优势

从人力资源服务外包公司的角度来说，在薪酬管理外包的未来发展趋势中，应该更加侧重和发展的职能分工包括如下几个。

（1）依托和紧密集合员工的薪酬管理服务。

在与发包单位进行服务对接时，人力资源服务外包公司要了解发包单位的经营状况和员工的薪酬体系，帮助其制订更有效的薪酬管理外包方案，积极主动地与发包单位人力资源部门沟通，做好薪酬管理工作的无缝对接。而更为重要的，则是与外包员工更紧密地集合，实时了解外包员工的动态和需求；不仅与外包员工保持法律上的劳动关系，还要发展与外包员工更亲密但不逾越发包单位管理文化和风格的关系，在发包单位和外包员工之间起到调节的作用。

（2）发展薪酬管理外包的增值服务。

传统的薪酬管理外包服务主要集中于薪酬发放的环节，保证薪酬发放的准确性和及时性是这一职能完成的重要标准。这一看似简单的工作实际上也给予了人力资源服务外包公司的专业性更大的发挥空间，人力资源服务外包公司可以利用自身在薪酬管理、岗位薪酬数据上的优势提供和发展薪酬管理外包的增值服务，包括通过数据库为发包单位提供更有竞争力和更具适切性的特殊岗位薪酬方案，以及劳动人事政策的合理、合规适用，从而降低发包单位薪酬管理成本，如个税政策的运用、社会保险政策的运用等。新模式下，人力资源服务外包公司的分工重点仍然是薪酬的合法合规发放，但绝不仅仅局限于此，尤其在一些新兴行业和新兴企业缺乏薪酬管理经验的背景下，薪酬管理外包服务边界的这一拓展，反而是人力资源服务外包公司的价值所在。

（3）不断加强内部监督和提升管理信息化，重视薪酬发放的复核环节。

对于薪酬发放工作而言，人力资源服务外包公司在计算员工薪酬数据时，需要考虑员工的工资基数、养老金缴纳比例和缴纳金额，失业保险部分企业及个人的缴费比例和缴纳金额，医疗保险部分企业及个人的缴费比例和缴纳金额，生育、工伤保险部分企业缴纳的比例和缴纳金额，公积金部分企业及个人的缴纳比例和缴纳金额，个人所得税的计算，应发工资和实发工资等数十项计算种类。如果外包公司规模较大，涉及的服务企业和外包员工人数众多，那么薪酬数据量将会十分巨大，而且每个数据都会对员工的收益产生对应影响，因而外包公司承担的责任也是巨大的。这就要求人力资源服务外包公司必须加强内部检查和内部监督工作，同时不断通过技术开发提高和改善服务企业薪酬发放的电子化程度：一方面，形成内部多方管控、多方检查的链条型复核环节；另一方面，利用信息技术避免人为操作可能带来的疏漏与失误，从而凸显外包公司的服务价值。

上述分工职能的不断发展，能够帮助人力资源服务外包公司为发包单位提供更专业、更具价值的服务，但是考虑到薪酬管理的特殊意义和发包单位对外包风险的某些顾虑，人力资源服务外包公司的服务也有一些需要特别注意的边界。

(1) 对于外包员工身份的理性对待，避免自有员工和外包员工薪酬方案的过分分化。

从法律身份上讲，外包员工是人力资源服务外包公司的雇员，从劳动关系的建立到解除，外包员工主要面对的责任主体是人力资源服务外包公司。但是新用工模式的特点在于，多数岗位的外包员工需要与发包单位的自有员工在同一工作场所中完成劳动过程，实现分工合作，因此，人力资源服务外包公司对外包员工身份的理性对待就是多数发包单位希望外包公司遵守的一条边界。

(2) 尊重发包单位的薪酬体系和方案传统，不逾矩。

与前一问题紧密相关的，就是人力资源服务外包公司对发包单位薪酬体系和薪酬方案传统的尊重，这也是人力资源服务外包公司在薪酬管理中应该遵守的边界。薪酬体系实际上是一个非常复杂的问题，一般来说，一个薪酬体系所要回答的很重要的问题就是支付的依据。从主流的薪酬管理实践来看，薪酬体系包括四种不同的类型，即基于职位的薪酬支付体系、基于能力的薪酬支付体系、基于绩效的薪酬支付体系和基于市场工资率的薪酬支付体系，每一种不同的薪酬体系背后都是一种薪酬哲学，是企业管理者价值取向的一种表现，而薪酬体系的建立是一个积累的过程，不是一个简单的表面的制度，内部有深厚的基础，因此，外包员工的薪酬体系和薪酬方案最好与自有员工的有共同的薪酬哲学，即便有一些薪酬结构的调整，也不要逾越发包单位的传统和惯习。

(3) 在维持外包员工凝聚力的同时，避免过分特殊的福利管理。

在实践中，一旦薪酬体系确定，发放情况多数是比较稳定的，但是其中福利的变动性会相对比较大，一些实物福利之外的、增加员工凝聚力和体现管理特色的福利设置，被不少人力资源管理人员视为提升管理水平的一种方式。然而在人力资源服务外包模式中，这一做法可能并不受到发包单位的欢迎，甚至会给发包单位带来管理上的困难。

例如，一家发包单位使用了多家人力资源服务外包公司的几组外包员工，从事基本相同的岗位工作。在一个特殊事件中，其中一家外包公司对自己的外包员工给予了一些特殊福利，该外包公司的员工感受很好。但是这在一定程度上影响到了其他外包公司的员工的心理感受。这就是一种比较典型的逾矩行为，是人力资源服务外包公司在薪酬管理中需要避免的管理行为。

10.3.3 薪酬管理服务外包中的隐含风险和行业发展

人力资源服务外包作为当前劳动力市场状态下的一种新用工模式，由于发展时间尚短，因此仍然存在一些发展的问题和障碍，从理论上来说，这主要来自于外包方式本身所隐含的一些风险。

在这里，借用经济学中的委托—代理关系理论来分析发包单位与人力资源服务外包公司之间的关系，并分析由此而引发的发包单位必须承担的固有风险。当然，这些风险在任何以委托—代理为基本关系的交易模型中都必然存在，只是在将某些“特质”资源——如人力资源——外包的过程中，有些风险尤为明显或从不同的角度影响发包单位的效益。

1. 委托—代理关系中可能存在的道德风险

经济学中的委托—代理关系是用来解释企业内部由于所有权和控制权分离而导致的所有者和经营者之间的关系。在人力资源服务外包当中，发包单位作为人力资源的所有者（委托人）与人力资源服务外包公司（代理人）签署外包合同，将部分或全部人力资源管理职能委托外包公司代为管理，于是发包单位和外包公司之间的委托—代理关系就成立了。由于委托人与代理人之间目标的不一致性，就很难避免“道德风险”（moral hazard）的发生。所谓道德风险，是指从事经济活动的人在最大限度地增进自身效用时作出不利于他人的行动。

具体到薪酬管理服务外包来说，发包单位委托外包公司代行部分薪酬管理职能，其目标是尽可能利用外部专家在薪酬管理方面的专业技术、先进系统和特殊资源，节约薪酬管理运作的成本，以获取最大的利益。而人力资源服务外包公司除了追求最大额度的佣金以外，还可能产生其他方方面面的要求，如专业的外包公司自身业务的扩展、声望的提高、契约期内的业绩表现等。在这种情况下，发包单位可能就会产生担忧，希望代行如此核心的人力资源管理职能的外包公司具有承接的可靠性和足够的承载能力。在实践中，一些不规范的人力资源服务外包公司，利用薪酬发放的时间差，为自身获取利益，或者通过与外包员工约定不合理的考核标准，扣减员工工资，增加自身的利益和收入，进而引发了外包员工和发包单位之间的矛盾。

2. 契约不完备与信息不对称带来的利益损失风险

在《博弈论与信息经济学》一书中，张维迎（2003 年）阐述的委托—代理关系泛指任何一种涉及非对称信息的交易，交易中有信息优势的一方称为代理人，而另一方称为委托人。也就是说，对于某些特定信息，有知情者，也有不知情者。同时，知情者利用这些信息使不知情者的利益受到影响，而不知情者又不得不为知情者的行为承担一定风险。

在实践中，在一些外包服务比较混乱的行业和企业，一些发包单位在与外包公司签订了外包合同之后，在实际运作中发现很多未与外包公司明确规定的细节，于是不得不花费大量时间、人力及物力与外包公司重新商讨、修改合同条款，并在谈判中处于劣势的地位。

当然，随着时代的发展，越来越多的人力资源服务外包公司的规范性在不断提高，合同的完备性也在不断提高，面对关于特殊员工和特殊岗位的可能发生变化的薪酬管理方案，业内多数规范的人力资源服务外包公司会列明选项，将主动权交给发包单位，由发包单位独立评估项目的用工风险，选择相应的薪酬管理外包方案。

3. 操作简单化可能带来的依赖风险和转移成本

转移成本对于人力资源服务外包中的薪酬管理来说也是比较大的，同时绝大部分的转移成本是隐性的、难以发现的：

- 搜寻成本和时间成本：发包单位需要耗费大量时间和人力寻找新的合作伙伴并进行评估。

- 文化和习惯的扭转：发包单位的文化与外包公司的文化可能并不相同，但合作期间两者的文化会相互渗透、最终融合，而更换新的外包公司意味着要经历一个新的文化融合过程，对于自有员工来说这种变化也是具有较大冲击性的，同时，更换新的外包公司可能带来的付薪时间的变化、付薪方式的变化，等等，都不仅仅是一种管理行为的变化，对于外包员工来说可能都是一种文化的调整。

- 系统重建：一般来说，发包单位在将薪酬管理职能外包给外包公司时，需要辅助外包公司建立员工信息数据库，外包公司有自己的一套系统，收集的信息包括员工的基本信息，如姓名、员工编号、身份证号、所属部门、岗位等级、基本薪酬、社保所在地、目前社保基数等等信息。一旦更换外包公司，只要岗位存在，那么发包单位就可能会面对一套新的信息系统。对于很多分支机构遍布全国、员工规模庞大的发包单位来说，这种系统转换是一个庞大的工程，尤其是员工的社保基数和缴费现状不能有任何遗漏和失误，往往需要发包单位的人力资源管理工作人员和新的外包公司反复核对。

针对这些风险和问题，一些行业领先的人力资源服务外包公司正在不断规范服务，避免这些问题的发生：

一方面，规范的人力资源服务外包公司在更大程度上承担起了雇主的责任。从法律关系上讲，人力资源服务外包公司是外包员工唯一的雇主。从人力资源服务外包公司在薪酬管理上的职能来看，规范的人力资源服务外包公司也承担起了更多的与发包单位商榷薪酬水平、沟通薪酬调整的职能。这在很大程度上模糊了人力资源服务外包公司和发包单位在薪酬管理上的界限，改变了固有的委托—代理关系，降低了发包单位的风险。

另一方面，随着国家法律法规对劳务派遣用工形式的规范，人力资源服务外包行业的规范性在不断提升，增加合同的完备性、为发包单位提供更多的薪酬管理外包方案成为业界的主流，也提高了人力资源服务外包的水平。

案例

R公司外包项目危机处理

S公司是一家从事车联网产品设计、研发及制造的初创型互联网企业，2016年年初获得融资后加大了产品研发力度。S公司考虑到产品开发工程师用人的周期性，于是与一家人力资源服务外包公司R达成了合作，R公司成为S公司IT系统研发人员外包服务的供应商。合作之初，为了加快IT

系统研发人员的招聘以及预防未来S公司可能发生的财务风险导致R公司会为员工垫付工资，R公司向S公司收取了20万元的风险保证金。S公司急于用人，且刚刚获得融资，财大气粗，很爽快地同意并支付了风险保证金。

一年之后，S公司为了适应市场多层次需求，不断调整产品，持续研发投入，导致迟迟未能实现盈利，最终在2017年年初出现了资金紧张的情况。R公司在第一时间了解到S公司财务情况恶化的消息之后，立即启动了应急方案：(1) 动用项目风险保证金按时支付员工工资；(2) 向S公司人力资源部门提出预警，建议将外包员工从S公司项目调离至R公司其他研发项目；(3) R公司法务部向S公司正式发送律师函催收应收账款并提起诉讼。S公司人力资源部门接受了R公司的建议，将外包员工从S公司项目调离，从而为S公司节约了一部分研发支出。同时，S公司果断启动自有员工的减员方案，以降低公司运营成本。最终S公司依靠一系列的减员增效措施存活了下来，并于2017年8月获得了新一轮的融资。

这是一个典型的危机处理案例，R公司与S公司的合作展示了人力资源服务外包拥有的以下特点，在薪酬管理的保障性上发挥了重要的作用。

1. 资金储备

S公司与R公司合作时资金充沛，便向R公司支付了风险保证金，使业务外包起到了资金储备的作用。风险保证金不仅能刺激R公司在外包服务项目启动阶段努力为S公司招聘，更重要的是在S公司遇到财务危机时起到了保障薪酬按时发放的作用。设想如S公司并未采用人力资源服务外包的形式，在遇到财务危机时很可能并没有预留足够的资金用于支付员工的工资，很有可能出现不可控的风险。

2. 垫付缓压

针对S公司风险保证金无法覆盖的员工工资、社保、公积金，R公司启动项目管理费中预提的员工薪酬保障金用于垫付员工部分的工资。可见，通过人力资源服务外包，让人力资源服务外包公司加入与发包单位共同承担员工薪酬管理的保障体系中，多了一份向员工发薪的财力支持来源。

3. 减员减负

一般情况下，企业的财务情况是被严格保密的，包括人力资源部门在内的其他部门很难完全了解企业完整的财务状况。在企业出现财务危机的情况下，如果企业财务状况未能及时传递到人力资源部门，由它采取减员措施为企业减负增效，那么人工成本刚性支付的特点会进一步恶化企业现金流，甚至最终导致企业破产，使得企业所有员工的薪酬都不能获得支付保障。案例中R公司作为S公司的人力资源服务外包公司，通过S公司应收账款是否按时回款便能判断S公司的财务状况，从商务合作的角度向S公司人力资源部门提出撤离外包员工的建议。同时，R公司基于互联网公司人力成本为最大成本的特点，建议S公司减员减负，从而帮助S公司渡过财务危机，使在岗员工的薪酬得以按时支付。

11. 人力资源服务外包中的用工风险管控

11.1 用工风险与管控

11.1.1 用工风险无处不在

用工风险广泛存在于企业人力资源管理的整个流程之中，存在于企业员工入职、履职和离职的各个环节。现实中很多企业管理者对企业内部可能遇到的用工风险缺乏清晰的认识。

1. 招聘录用风险多

招聘录用是人力资源管理工作中极其重要的一个环节，它直接影响到培训开发、绩效管理等工作环节。试想，如果招聘录用一个不符合岗位胜任标准的员工，不能按要求完成工作不说，极有可能会给企业带来极大的劳动用工风险。

(1) 员工招聘环节的风险。

员工招聘环节的风险主要源自两个方面：一是忽略招聘中的禁止性条款，二是忽略招聘过程中的特殊对象。

员工招聘的环节存在诸多不容忽视的禁止性条款，包括禁止使用童工、禁止就业歧视、禁止就业担保和收取财物，禁止欺诈、胁迫与乘人之危，禁止泄露员工资料等。企业在招聘中违反上述任何一项禁止性条款，均将承担严重的法律后果。比如禁止就业歧视一项，我国法律明确了劳动者的平等就业权，《就业促进法》规定，“劳动者就业，不因民族、种族、性别、宗教信仰等不同而受歧视……用人单位招用人员，不得以是传染病病原携带者为由拒绝录用……违反本法规定，实施就业歧视的，劳动者可以向人民法院提起诉讼”。随着公众法律意识的增强，就业歧视问题成为社会关注的热点话题，一旦出现就业歧视，企业不仅需要承担法律责任，其社会形象也将受到负面影响，造成有形资本与无形资本双损失。

案例

女性应聘快递员受歧视

某劳务公司在某招聘网站上发布招聘信息，标题为“招速递员　3千加计件”，任职资格：男。邓某某在线投递简历申请该职位，于2014年9月25日到某速递公司面试，试干两天后，双方达成于10月8日签约的意向，但最终双方并未签约。10月19日邓某某给对方负责人李某打电话询问不能签合同的原因，李某确认因为邓某某是女性所以某速递公司不批准签合同。

邓某某起诉称：其应聘的快递员一职并不属于不适合妇女的工种或岗位，但某速递公司、某劳务公司仅因为邓某某是女性就表示不予考虑，导致邓某某受到了就业性别歧视。法院部分支持了邓某某的诉讼请求。

案例

对乙肝病毒携带者的歧视

25岁的梁齐（化名）参加了湖北都市中盛广告有限公司的设计岗位的招聘。在经过重重筛选后，她于7月1日接到上班通知。次日，公司安排梁齐体检。7天后，公司突然通知梁齐，由于她被检出是乙肝病毒携带者，不符合公司录用规定，梁齐刚上班一天就下岗了。其后，梁齐一纸诉状将该公司告上法庭，要求公司向其赔礼道歉，并支付精神损害抚慰金 49 999 元。法院经开庭审理后判决被告湖北都市中盛广告有限公司于 10 日内向原告梁齐书面赔礼道歉，并向其支付精神抚慰金 5 000 元。

企业用工除选择常规的劳动者外，还可能涉及某些特殊对象，例如实习学生、退休返聘人员、非全日制用工、临时工等。这些特殊群体与企业所建立的用工关系性质不尽相同、形式多样，对企业用工的规范性与专业性形成巨大挑战。企业管理稍有不慎，极易触碰法律的底线。

(2) 员工入职环节的风险。

员工入职环节也是用工流程管理的关键环节之一，同样存在诸多潜在风险，例如忽略员工审查、不签或延迟签订劳动合同、劳动合同条款不完备、试用期不签合同等。用人单位在正式录用某一求职人员前，谨慎、严格的录用资格审查是极其重要的，否则，用人单位有可能发生因员工录用资格审查不严带来的纠纷，包括："双重"劳动关系带来的纠纷、由于应聘欺诈给企业造成的损失、竞业限制纠纷等。《劳动合同法》第 82 条规定："用人单位自用工之日起超过一个月不满一年未与劳动者订立书面劳动合同的，应当向劳动者每月支付二倍的工资。""用人单位违反本法规定不与劳动者订立无固定期限劳动合同的，自应当订立无固定期限劳动合同之日起向劳动者每月支付二倍的工资。"这些均是企业由于忽略入职管理规范性所必须承担的责任和风险。

2. 社保合规性常存误区

目前，我国各地社保政策仍存在诸多差异，企业面临的社保环境亦变化频繁，社保实践中存在的常见误区、社保不合规的做法也对企业人力资源管理产生深刻影响。

误区一：以员工的基本工资作为社保缴费基数。目前我国社保缴费平均费率高达40%，为了降低成本，一些企业只按员工的基本工资（不包括奖金、加班费、其他津贴等）为其申报缴纳社保，甚至有些企业只按当地最低工资申报社保。这些做法可能短期内并未被社保经办机构审计发现或处罚，但潜在的风险却非常大。实际上，社保缴费基数应该是职工上年平均工资（一般在当地职工平均工资的60%～300%的范围内核定），而平均工资的组成，应该参考国家统计局关于工资总额组成的规定，除了基本工资，奖金、各种补贴、加班费等都属于工资收入。另外，关于特殊项目构成的工资，人社部也有相关规定，容易被用人单位忽略的项目包括：住房补贴、通信工具补助、实报实销的手机费、不休假补贴、各种商业保险等。

误区二：员工试用期内不缴纳社保。试用期内的员工稳定性差，加之社保登记、增员、减员的工作流程烦琐，为了工作方便，一些企业选择在员工通过试用期之后再为其进行社保登记、缴纳。这种做法违反了《社会保险法》关于新员工社保登记的要求，企业应当自用工之日起30日内为其职工向社会保险经办机构申请办理社会保险登记、及时缴纳社保。现实中一旦试用期员工出现工伤的情形，在未参保情况下，企业需承担工伤赔偿责任，反而增加企业成本，得不偿失。

误区三：与员工达成不缴或少缴社保的协议。有些企业跟员工签订协议，由员工主动放弃企业为其缴纳社保的安排，以达到免除用人单位缴纳社保义务的目的。这样做是违法的：首先，相较于商业保险的自愿性，社保是强制性的，劳动者和用人单位均无权对社保的是否购买以及如何购买予以协商或单方变更，任何违背社保法律规定的协商都是没有法律效力的。

其次，社会保险中有很大一部分属于社会统筹，社保的缴纳不仅涉及用人单位与员工的利益，还涉及社会的公共利益。个人对社保的放弃并不能免除用人单位和个人对整个社会的缴纳义务。

误区四：认为违规行为只有两年的诉讼时效。《劳动保障监察条例》规定，违反劳动保障法律、法规或者规章的行为在 2 年内未被劳动保障行政部门发现，也未被举报、投诉的，劳动保障行政部门不再查处。很多企业认为，有了这条规定，只要是两年之内没被发现，社保少缴问题就不会再被追究了。实际上，根据《劳动法》和《社会保险费征缴暂行条例》的规定，对于用人单位不按规定缴纳社保费的，劳动部门应责令限期缴纳。并且上述法律对于劳动部门追缴社保职责并无时效限制，同时对于当事人举报用人单位欠缴社保的违法行为亦无时效限制。

误区五：企业根据需要自行选择社保缴纳地。很多企业由于各种原因无法在企业注册地为员工缴纳社保，很多企业的注册地、员工合同签订地、社保/住房公积金缴存地、个人所得税缴纳地（“四地”）不一致。这不仅给企业管理带了困难和混乱，还引起了一些社保合规风险。在我国社保目前还没有实现全国统筹，社保实行属地管理的情况下，企业应尽量做到“四地”统一，降低潜在风险。

3. 特殊员工管理中的用工风险

(1) 员工工伤或工亡。

工伤，又称“职业伤害”，指职工在生产劳动中由于生产或工作过程中的不安全、不卫生等因素所发生的或与之相关的意外伤害，也包括事故伤残、职业病以及因这两种情况造成的死亡。

工伤的归责经历了“劳动者自身责任”、“雇主过失责任”和“雇主无过失责任”三个阶段。工伤的发生不仅危害劳动者的身心健康、职业生涯、家庭生活等，还会给企业带来损失。

我国的工伤待遇包括医疗待遇、伤残待遇和因公死亡待遇。医疗待遇指职工在工伤医疗期间所享受的待遇。伤残待遇是指企业职工因工负伤医疗终结后经劳动鉴定委员会评残，因丧失劳动能力而享有的待遇，共分十个伤残等级。因公死亡待遇指职工因生产事故或职业病死亡、旧伤复发死亡或者全残退职后因病死亡而享有的待遇。职工因公死亡的，其直系亲属按照规定从工伤保险基金领取丧葬补助金、供养亲属抚恤金和一次性工亡补助金。这些对于企业来说都是可能产生的用工风险成本。

案例

工伤处理不合规的风险

某公司员工在上班跑业务途中被机动车撞伤，申请工伤鉴定后即回家休养，一休养就长达 14 个月。期间公司对其并未理睬，既不要求其尽快进行伤残鉴定，也没有对其停工留薪期超过 12 个月提出任何异议。而且，在此期间，员工由于本人懈怠，并未对肇事方提出索赔要求。14 个月后，员工方才申请进行伤残鉴定，并解除劳动合同、要求公司赔偿。公司人力资源部门以其未向肇事方索赔为由拒绝赔偿，未得到法院支持，最终承担员工伤残 9 级的法定赔偿。

在本案中，员工停工留薪期依法最长 12 个月，除非得到特别批准才可以继续延长，但公司对此不闻不问，导致形成默认超长期限的事实；期间公司又不督促和关注员工对肇事方的索赔，错失降低公司本身赔偿的可能性。可以说，是极其混乱的管理导致公司损失大大增加。

案例

工伤保险缴纳不合规的风险

某公司为节省用工成本，与公司员工签订劳务合同，未缴纳社保。后某员工于下班后10分钟内，从公司储藏室坠楼身亡。该员工家属向司法机关要求认定该员工与公司的劳动关系，并得到司法机关的支持。家属进而要求公司按《工伤保险条例》的规定，支付所有工伤保险待遇及承担用人单位需要承担的赔偿责任，总计八十余万元。最终该公司与员工家属协商后，支付了五十余万元赔偿款。

(2) 女性员工“三期”。

“三期”女员工，就是指处于怀孕期、产期、哺乳期的女员工。女性员工在怀孕期间的保胎假、产检假均是需要用人单位承担的。女性员工在产期享受的产假、哺乳假和产假津贴也是由用人单位保障提供的。用人单位通常也会将这些纳入用工成本。

(3) 员工不胜任工作。

“三期”或工伤医疗期过后，由于员工不能胜任工作而解除劳动关系的，须由用人单位向劳动者支付经济补偿金；此外，劳动合同到期不续签的，用人单位也要支付经济补偿金。这是用人单位正常承担的雇主风险。

(4) 长期病假/医疗期。

医疗期是指企业职工因患病或非因公负伤停止工作、治病休息而用人单位不得解除劳动合同的时限。医疗期期限依实际参加工作年限和在本单位工作的年限确定，通常为3个月到24个月。

职工患病或非因公负伤治疗期间，在规定的医疗期内由用人单位按有关规定支付其病假工资或疾病救济费，病假工资或疾病救济费可以低于当地最低工资标准支付，但不能低于最低工资标准的80%。职工非因公致残和经医生或医疗机构认定患有难以治疗的疾病，在医疗期内医疗终结，不能从事原工作，也不能从事用人单位另行安排的工作的，应当由劳动鉴定委员会参照工伤与职业病致残程度鉴定标准进行劳动能力的鉴定。被鉴定为一至四级的，应当退出劳动岗位，终止劳动关系，办理退休、退职手续，享受退休、退职待遇；被鉴定为五至十级的，医疗期内不得解除劳动合同。

员工在医疗期间内的工资支付以及医疗期满后若解除劳动关系需支付的经济补偿金等，也都是用人单位应当承担的责任。

11.1.2 不合法、不规范用工得不偿失

企业想用不合规的方式来降低用工成本，造成的结果往往是得不偿失。而很多企业，当出现员工起诉企业，或者已经造成了巨大的经济赔偿时，才知道用工风险管控的重要性。

案例

劳动合同的签署与解除，没有按照风控标准流程操作的风险

1. 某公司员工在签署劳动合同时，提出对劳动合同内容不熟悉、要将劳动合同带回去看过后再签字。一天后，员工将劳动合同签字版本提供给公司，公司审核时发现内容没有变化，便确认盖章。一年后，员工离职并起诉公司没有签订劳动合同，要求公司支付双倍工资。公司将员工签字的劳动合同拿出后，经鉴定不是员工本人签字，法院判决公司支付双倍工资。

2. 某公司与员工协商后签订劳动合同解除协议，解除协议约定公司向

员工支付经济补偿金 8 000 元及年终奖金 6 000 元。由于公司操作匆忙，补偿金与年终奖金两处均为空白打印后手写填入，盖章之后将两份合同交给员工签署。员工拿过解除协议后，分别在经济补偿金与年终奖金的金额前填写了一个“1”，直接把经济补偿金与年终奖金变为了 18 000 元与 16 000 元。由于数字未分大小写，且是公司先盖章后让员工两份签字，导致两份解除协议上均为 18 000 元与 16 000 元。此后员工据此提起劳动争议仲裁，要求公司补充支付 20 000 元。经公司多方努力，加上笔迹鉴定发现两个字迹为两支笔所写就，劳动争议仲裁机构最终驳回了该员工的请求，但这对公司的影响可谓不小。

11.1.3 用工风险管控重在预防

用工风险管控的核心要义是“重在预防”，即通过对用工过程中潜在风险的识别、评估、量化与控制等，避免风险的出现或将风险可能造成的损失降到最低。

案例

退工手续不合规的风险

某公司录用仓库管理员唐某，后与其解除劳动合同。由于唐某为上海市户籍人员，依照上海当地规定，公司除依据劳动合同法向唐某开具离职证明外，还需要在上海市网上用工系统中为唐某操作网上退工手续、退回劳动手册，并向唐某开具上海市人社局的制式退工单。由于公司仅按照一般员工离职手续向唐某出具离职证明，此后唐某以公司未依法办理完成退工手续导致其无法申请失业保险为由，向公司索赔 1.5 万元。仲裁机构与法院经审理后，最终支持该员工的诉讼请求。

11.2　人力资源服务外包为用工风险提供解决方案

11.2.1　劳务派遣与人力资源服务外包之比较

劳务派遣与人力资源服务外包是社会分工精细化、竞争激烈化的产物，对于企业做强做精主业、提升竞争力具有重要价值。那么劳务派遣和人力资源服务外包在用工风险方面有哪些区别呢？

人力资源服务外包是以委托的形式将用人单位的职能向其他机构进行转移，从而在不占用本企业劳动力的前提下完成指定工作。而劳务派遣则是将劳动者与用工单位之间的劳务关系剥离出去，从而使用工单位获得价格低廉的劳动力。具体而言，两种用工方式的用工风险承担者不同。在劳务派遣的用工模式下，所有的用工风险由用工单位承担。而在人力资源服务外包的用工模式下，用工风险由人力资源服务外包公司来承担。另外，这两种用工方式的劳动管理的主导者不同。在劳务派遣的用工模式下，整体的劳动过程全部由用工单位来进行管理；而在人力资源服务外包的用工模式下，劳动管理由人力资源服务外包公司负责，包括考勤管理、规章制度、请假管理、奖惩等关键模块。

11.2.2　人力资源服务外包在用工风险管控方面的价值体现

（1）实现雇主风险的转移。

雇主责任风险是指雇主由于灵活用工需求产生的各类雇主责任风险和成本增加，包括正常的雇主责任风险和由特殊需求延伸出的额外的风险。通过人力资源服务外包的用工模式，雇主责任风险实现了由发包单位向人力资源服务外包公司的转移。

(2) 降低综合用工成本。

在人力资源服务外包合同中明确用工风险管控的具体成本，使用工风险的管理成本可以先行测算。可通过提高劳动生产效率、降低招聘/培训成本、提升用工灵活性等来降低综合用工成本。

(3) 提升风险管理的专业化。

通过专业化的用工风险管控团队提供定制化的外包服务，可提高用工风险的可控性、可预测性。

另外，人力资源服务外包在协调发包单位与外包员工之间的关系、协调各地政策差异对发包单位的影响、规范发包单位的用工行为、促进发包单位合法合规用工等方面，均能发挥积极作用。

总之，人力资源服务外包为企业的用工风险管控“成本可见、责任可转、风险可控”的解决方案，是利用可控的成本解决不可控的风险。

11.2.3 人力资源服务外包中用工风险管控的具体内容

1. 用工合规性管理——预防

人力资源服务外包公司可提供的用工风险管控解决方案包括入离职管理、新合同/续约合同管理、社保/公积金管理、薪酬计算及发放管理、淘汰机制管理、工时制度管理、现场规范管理、信息安全管理等众多板块。人力资源服务外包的用工合规性管理通过纠正劳动管理过程中可能的不规范性来实现风险筛查与矫正。表 11.1 是某人力资源服务外包公司梳理的在劳动管理过程中常见的操作错误、可能产生的风险及正确操作建议，按照这一指引操作能够大大降低企业的用工风险，起到良好的争议预防作用。

表 11.1　人力资源服务外包用工管理常见错误、风险与操作指引表

	错误	外包公司风险	正解
1	入职一个月未签订劳动合同	双倍工资风险	入职一个月内即签订劳动合同
2	应签订特殊工时的岗位签订标准工时	高额加班费风险	按要求签订综合工时或不定时工时（须获得特殊工时行政许可）；以规章制度明确规定加班申请与审批的流程
3	录用条件没有约定客观标准	被裁定违法解除	制定可量化、可证明的客观标准
4	因公司原因、员工个人原因不缴纳社保/公积金	社保赔偿变成公司承担；另有仲裁、稽核风险	入职当月即购买社保/公积金；拒不配合公司缴纳的入职一个月内辞退
5	无员工手册、管理制度前后矛盾	处罚违规违纪员工被判违法	入职宣导及签署员工手册，并确保员工手册避免前后矛盾、模糊不清
6	劳动合同到期未续签	双倍工资/无固定期限劳动合同风险	劳动合同到期前两个月盘点及沟通，及时续签合同
7	连续两次签订一年期劳动合同	第三次签订合同时须签订无固定期限劳动合同	延长前两次固定期限劳动合同的期限，第二次签署合同时即谨慎评估（因为除上海外，第二次签署后公司已经没有选择权）
8	工伤发生后不及时申报、跟进	社保赔偿变成公司承担；公司承担高额工伤赔偿	工伤事故发生后一个月内申报工伤、及时跟踪员工的恢复情况，缩短不必要的停工留薪期
9	末位淘汰	属于司法机关严厉打击的违法解除	设置清晰的录用条件与胜任标准
10	各项证明文件（如：收入证明、离职证明）开具不规范、不真实	员工以证明文件向公司提出不合理的权利主张，或因不规范导致员工无法享受失业保险金等而要公司赔偿	各项证明文件应当如实开具、合规开具

(1) 工伤风险的解决方案。

人力资源服务外包公司针对工伤风险可提供预防和保险补偿的解决

方案：通过入职体检、年度体检等确保服务团队的健康与活力。通过医疗保险合法合规缴纳应对员工在职期间可能出现的疾病，并在流程上保证医疗费用的及时报销。通过定期开展安全知识讲座，张贴工伤、病假休假、社保报销等小常识海报等，在企业中营造职业安全与职业健康的文化，提升员工的安全意识，规范员工劳动过程，起到预防工伤发生的作用；一旦发生工伤，外包公司应第一时间走访慰问处理，关照员工的感受，并通过工伤保险与商业保险结合的方案及时对工伤员工给予救济和补偿。

(2)“三期”女员工管理方案。

人力资源服务外包公司针对“三期”女员工可提供的风险解决方案包括：“三期”女员工排班人性化管理；开展女员工关怀、“三期”女员工保健等知识讲座；“三期”女员工工作交接，提供人员确保业务开展不受影响；人员退回后按照劳动法规定对“三期”女员工进行合理安置。具体流程如图 11.1。

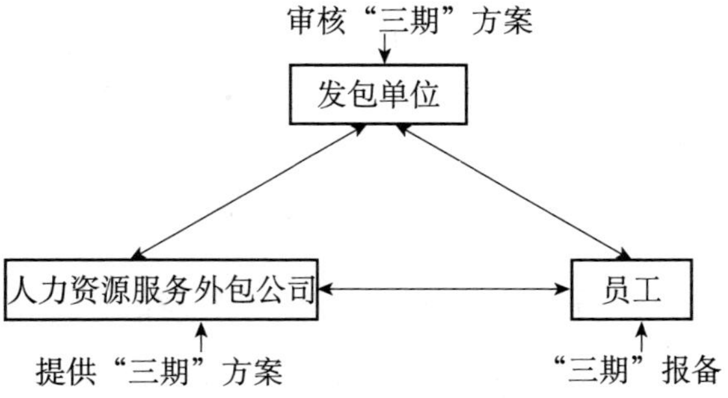

图 11.1　三期女职工管理方案图

(3) 退工管理。

发包单位由于业务调整、兼并收购与迁移等原因可能对人力资源服务外包公司提出退工的要求。现实中无理由退工在人力资源服务外包过程中也时有发生。因此，退工管理是考验人力资源服务外包公司的抗风险能力与成本核算能力的重要环节。

退工包括常规退工和非常规退工。常规退工包括员工严重违纪退工（根据员工手册的规定退回）、员工不胜任退工、劳动合同到期不续签退工以及发包单位重大变更退工。非常规退工是指发包单位自身业务调整导致的退工。

针对常规退工需严格退工流程（见图 11.2）并规范退工相关材料配备。员工因严重违纪被辞退的情形下需具备违纪事实材料、公司制度相关条文、公司制度签收材料等；员工因不胜任被辞退的，需准备员工签收的考核标准、考核数据等材料；出于其他原因被辞退的情形下需提供相关事实材料。

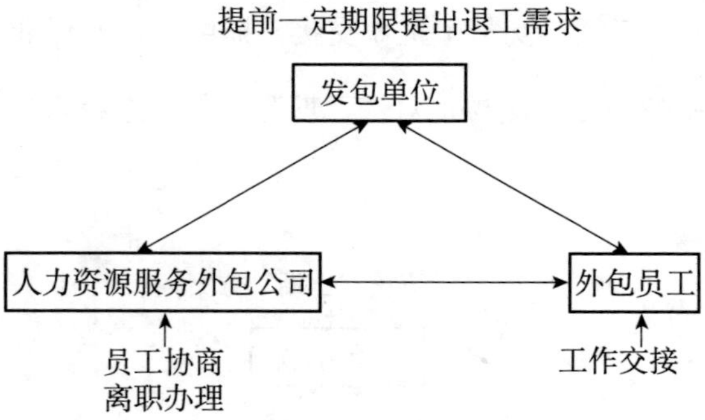

图 11.2　常规退工流程

针对非常规退工，退工流程中需增加离职补偿的计算与支付。人力资源服务外包公司可通过合同约定和发包单位的需求提供人员退工方案；若发生劳动争议，人力资源服务外包公司需具备妥善协商解决劳动争议的能力，保证发包单位声誉；一旦进入劳动争议的仲裁或诉讼程序，人力资源服务外包公司可派出专职的法律顾问团队提供专业支持。

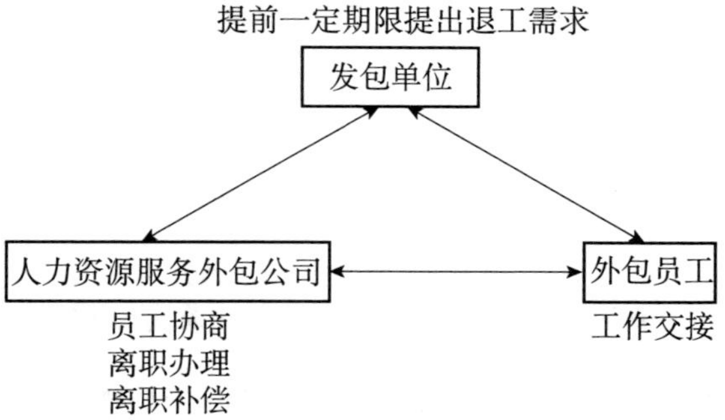

图 11.3 非常规退工流程

2. 劳动争议处理——调处与化解

在应对可能发生的劳动争议时，人力资源服务外包公司可以提供的服务仍然应以“预防”为核心要义。在日常的管理中，人力资源服务外包公司应时刻关注可能导致劳动争议发生的因素，如员工满意度与员工流失率；关注员工工作中的异常状态，如缺勤、旷工、怠工等；结合常规沟通机制、争议预警机制等适时介入员工申诉和抱怨的疏导与调处中。

一旦发生劳动争议，人力资源服务外包公司应主导妥善协商解决，保证发包单位声誉；一旦劳动争议进入仲裁或诉讼程序，由专职法律顾问团队提供专业支持。

3. 风险承担——业务支撑与合理补偿

人力资源服务外包为发包单位由于业务波动带来的用工风险提供了“缓冲地带”。现代社会中，由于市场环境的瞬息万变，众多企业，尤其是处在初创阶段或发展初期的企业，其生存与发展呈现波动式发展的特征，其服务种类、市场定位、产品类型、企业规模等均可能出现变化。这种变化需要灵活的、具有弹性的人才队伍作为配套与支撑。在此背景下，传统的固定用工方式可能存在调整不及时、成本较高、风险较大等多种难题。

而人力资源服务外包的用工方式，由于其调整的灵活性，能够为企业的业务变化提供有效支撑。

案例

B公司资金链断裂，外包公司临危不惧

B公司作为共享单车行业中发展比较迅速、市场规模排前三位的公司，在业务发展的初期，与其他共享单车公司面临同样的难题：资金问题、全国扩张、基础岗位人员招聘、基础岗位人事服务、用工风险等等。

互联网是一个快速发展的行业，同时也是高风险行业。B公司在2017年8月就面临了资金链的问题。8月，本应该正常付款的时间里，B公司没有及时付款，导致全国车辆运营岗位的员工没有按时领到工资。这对于员工是非常大的打击。与B公司合作的人力资源服务外包公司R在与B公司高层多次沟通后，了解到B公司资金链出现了严重问题。在这种情况下R公司面临几个问题：第一，员工社保缴纳问题。第二，员工工资问题。第三，员工工作问题。第四，员工负面情绪大，容易发生集体事件。本着对员工负责的态度和专业精神，R公司在B公司资金链出现问题的时候，自行垫资为所有员工继续缴纳社保，以保护员工的利益。在这期间，R公司一直和B公司保持沟通，与B公司一同寻求解决办法。在B公司连续三个月没有向R公司支付任何款项的情况下，R公司一直在垫资为员工缴纳社保和发放工资，以保持员工的正常工作状态。直至B公司正式发出文件，告知项目结束，R公司为所有在岗员工提供了至少三个公司的工作岗位以供员工选择，确保员工可以平稳、无损失地进行工作过渡。

11.3 人力资源服务外包面临的用工风险及防范

11.3.1 来自客户端的风险——发包单位的任意性操作激化劳动争议

发包单位在业务执行过程中对待外包员工的不合理、不恰当的任意行为往往是引发劳动争议的最主要原因。在当今多种用工模式都在迅猛发展的环境中，很多发包单位无法分辨劳务派遣与人力资源服务外包，导致在执行流程方面存在诸多不规范、不合规的做法，例如，不遵守流程退工、不按法定标准支付加班费、不依法申请综合工时等。

防范和控制此类风险，对人力资源服务外包公司提出了较高要求。首先，在企业选择方面，要进行严格筛选。对企业的筛选，需综合考虑商业价值和用工风险，尽量选择合法合规、组织架构完整、规章制度健全的企业进行合作，不能只关注眼前利益而忽视长远风险。其次，在服务开展过程中，运用自身的专业化服务对企业的用工管理进行正向引导。最后，不断提高自身的风险预测与评估能力。

11.3.2 来自员工端的风险

对人的管理之所以成为一个难题，是因为管理者需要面对的员工是具有多种多样个性的，多种多样的个性就必然带来不同的职业态度、不同的处事风格。员工的诚信意识薄弱、不遵守企业规章制度、绩效不佳、合格但不合适等各种情形，均会为人力资源服务外包公司的管理活动带来管理成本和风险。

对于来自员工端的管理风险，人力资源服务公司应从严把入口关做起，不断提升自身的员工管理能力。在招聘环节，对员工进行有效甄别。在日常的管理中，时刻关注员工动态与发展，提升培训实效，并通过绩效管理的手段帮助员工进行绩效提升。

11.3.3 自身操作不规范，忽视细节造成风险

人力资源服务外包公司自身正处于不断的发展过程中，因此，对某些用工风险人力资源服务外包公司可能缺乏预估。另外，人力资源服务外包公司也可能由于管理流程不完善导致法律文件不规范，例如采用模板合同，导致忽略关键事项。

为了降低外包业务给自身带来的风险，人力资源服务外包公司需树立正确的管理理念，顺应时代变化，不断提升自身风险预估、项目管理、流程把控等各项能力，同时可考虑通过商业保险分散自身风险。

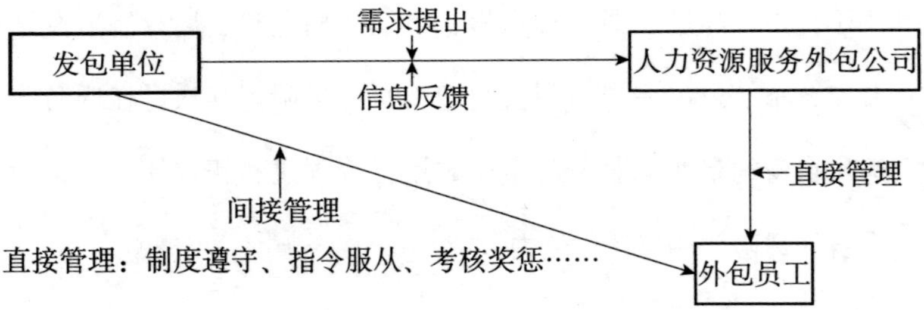

图 11.4　人力资源服务外包关系

11.4　人力资源服务外包的专业性要求

11.4.1 熟悉法律法规、政策

人力资源服务外包公司必须熟悉我国法律法规、政策，才能对违法违规行为进行有效甄别，才能为企业提供合法合规的服务，才能体现自身服

务的宝贵价值。

11.4.2 具有系统化的用工风险评估能力

用工风险评估针对企业在用工管理过程中的各个流程和操作环节进行全面评估，使企业可以对用工风险进行事先掌控，并就可能对企业造成的影响和损失进行量化评估。同时，用工风险评估还将针对风险为企业提供参考解决方案，从而使企业赢得解决问题的主动权。

用工风险评估的主要任务包括：全面识别企业面临的各种潜在用工风险；分析企业用工各种操作环节中存在的不足；评估风险发生的概率和可能带来的负面影响；确定风险解决和控制的优先等级、排序，推荐风险解决及应对的对策。

用工风险评估的重要价值体现在：提前预测，并全面掌控企业面临的用工风险，从而令企业赢得解决问题的主动权；识别各种风险处于具体哪些管理和操作环节，以便企业进行针对性改善；针对风险提供参考应对方案，通过解决风险，优化企业的管理流程和方法。

11.4.3 具备专业化的管理策略与技巧

从狭义上讲，员工关系管理就是企业和员工的沟通管理，这种沟通更多采用柔性的、激励性的、非强制的手段，从而提高员工满意度，支持企业其他管理目标的实现。在此方面人力资源服务外包公司的主要职责是：协调外包员工与发包单位、员工与员工之间的关系，引导建立积极向上的工作环境。

11.5 人力资源服务外包在用工风险管控方面的价值体现

虽然劳动关系不能任意变更，但是人力资源服务外包公司与发包单位间的商业合同关系变更比劳动关系变更灵活。从这个意义上讲，人力资源服务外包公司的合法合规是至关重要的前提。在此前提下，人力资源服务外包公司似乎可以作为员工面对任意不合规发包单位的一道防线，人力资源服务外包公司凭借自身的专业能力起到了为外包员工选择规范发包单位的作用。

人力资源服务外包公司为发包单位提供的专业服务，一方面体现在项目前期的快速上线，另一方面体现在项目运营过程中的专业服务，让发包单位省心、省钱、省力。同时，当发包单位发生风险预警或者已经出现风险的时候，保障外包员工利益不受损失，及时、有效地协助发包单位解决外包员工的问题，保障其合法权益。

12. 典型案例研究

12.1 某共享经济公司人力资源服务外包案例

12.1.1 项目背景

某知名共享经济类科技公司（以下简称 C 公司）2015 年在某城市建立客服中心。时值中国共享经济发展的初期，全年规模仅 1.95 亿元，集中在金融、生活服务、交通出行、生产能力、知识技能、房屋短租等六大领域，参与提供服务者约为 5 000 万名，约占劳动人口总数的 5.5%。2016 年 3 月，共享经济首次写入《政府工作报告》，明确要“支持共享经济发展，提高资源利用效率，让更多人参与进来、富裕起来”，同时提出“以体制机制创新促进共享经济发展”。截至 2016 年年底，共享经济实现市场交易额达到了 3.45 万亿元，同比增长 103%。

随着全球共享经济蓬勃发展，C 公司的用户人数指数级增长，客服团队的规模也急需迅速扩张。C 公司自身致力于技术壁垒和运营策略的提升，对于基础服务类岗位，更希望借力专业的人力资源服务外包公司迅速完成团队组建。

某人力资源服务外包公司（以下简称“R 公司”）2015 年 10 月进入这个项目，此时 C 公司已经率先与两家全国性的人力资源服务外包公司达成合作，三家公司共同服务于该项目，需要在两个月内完成500人客服团队的组建。

12.1.2 项目实施

1. 团队组建——关键词：快速批量，精准匹配

根据C公司对客服服务的要求，客服团队人员需具备本科学历，有一定的英语读写能力，逻辑思维强，有较好的应变能力，能胜任夜班班次。由于在求职市场上，有客服经验的候选人大部分为大专学历，所以招聘成了该项目的难点。在R公司进入之初，三家外包公司平均每月交付人数为20—30人/公司，人员招聘交付不足成了制约C公司业务迅速扩张的一个瓶颈。R公司为此专门成立了专项小组，对招聘每一个环节持续优化。在2016年4月，R公司通过线上线下结合的模式，单月招聘交付120人，成为C公司独家外包公司。

在2016年，C公司所在的共享经济领域在中国面临了白热化的竞争态势，格局重组。市场格局重新洗牌后，C公司客服岗的招聘标准也发生了变化，并需要更快地补充人力以满足市场的需求。R公司在变化的当口，45天成功招聘入职506人，帮助C公司迅速破局。

2. 员工关系管理——贴近业务，优化流程，降低流失

(1) 优化流程。

R公司—C公司项目组通过对业务的深入了解，结合该项目业务特点，编制了“C项目人事管理流程汇编”，从招聘流程、员工入职管理、员工离职管理、员工请休假流程、员工社保管理、员工公积金管理、员工医保卡管理、员工警告信开具流程、员工旷工认定及处理流程、试用期转正流程、薪酬核算发放管理等十个章节，对外包员工进行了详细的用工管理规范，通过新员工入职宣导及手册发放学习，确保员工对应知应会的规章制度、工作规范都能有清晰的认知；同时通过所有外包员工都能联系驻巡场 HR 或通过微信公众号后台在线咨询答疑等方式，建立良好的沟通反馈机制，确保事事有人应、问问有人答。在整个外包项目管理过程中，C 公司负责业务管理，R 公司负责人力资源管理，分工明确，职责清晰。

（2）流失率管控。

由于项目的急速扩张，员工均为入职半年以内的新人，这对员工的业务培训、一线管理都提出了非常大的挑战。R 公司通过持续对离职员工的访谈和跟踪，梳理出了该项目排名前三的离职原因：

● 因个人规划原因离职：R 外包公司通过访谈发现，大部分求职者处在毕业 1—3 年的迷茫期，对于希望从事的理想职业、对于客服岗位的认知都不清晰，面试的时候被企业的品牌、平台、文化所吸引，但对于实际要从事的工作内容、压力和挑战并不够清楚，深入工作场景后，往往会产生较大落差，发现跟自己期望中的客服岗位不一样。针对这种情况，R 公司加强了在面试过程中的信息传递，邀请 C 公司的业务经理全程参与宣讲环节，图文并茂地展示工作内容、工作职责和工作环境，同时与求职者互动进行 Q&A，答疑解惑。入职后，R 公司培训学院专职客服讲师对员工进行培训，教授客服技巧，提升客户服务意识，加强客服职业美感。

● 因距离原因离职：由于 C 公司所在该城市较大，交通不便，很多员工上班需花费 1 个小时以上时间，加上客服不规律的工时排班，遇到夜班的员工回家成本高，且担心人身安全。针对这部分员工，R 外包公司在招聘面试过程中，重点筛选住处与公司距离过远的员工，同时为员工建立服务群组，提供项目附近租房信息，为员工设置标签，鼓励性格喜好相近的员工合租，做好后勤保障。

● 因工作压力过大离职：R 外包公司通过入职前压力测试，驻巡场 HR 在培训期密切关注、定期访谈，入组后心理辅导、以老带新帮助新员工服务技巧提升等方式，帮助员工迅速适应业务的节奏。

R 公司通过每月实时分析员工流失原因，针对流失的主要原因，在招聘、培训、驻场服务等各个环节进行优化，同时向 C 公司提出支持的需求，在多个环节邀请 C 公司的人力资源部门人员及业务管理人员参与进来，共同进行流失率管控，月度流失从最高 12%的流失率降到了 5%以内。

(3) 员工关怀。

由于该项目不到一年时间，外包员工在岗超过 800 人，因而员工关怀、员工福利、员工活动开展，也成为员工关系管理中的重要组成部分，对于提升团队凝聚力、打造一支高效的客服团队，起着重要的作用。

客服岗位的特点——例如，“90 后”员工居多、排班——决定了员工无法集中一起做活动。针对岗位的特殊性，R 公司从年初制订了全年活动方案，与 C 公司讨论通过，做到时时有关注、月月有关怀，分批次组织活动，员工活动推陈出新，强调小伙伴的参与感、互动体验，同时鼓励大家利用社交媒体传播，营造积极、和谐的工作氛围。在 2016 年年底，R 公司着力策划并执行了 C 公司“千人年会”，活动隆重而热烈，得到了客户和员工的一致好评。

3. “转编”管理

(1) 项目制外包。

C 公司与 R 公司合作第一年（第一阶段）为项目制外包，即前期以 R

公司外包员工团队作为人才蓄水池，通过 4 个月的培养，考核通过的员工均可“转编”为 C 公司正式员工，从而达到把前期的招聘、新人培训等工作都交给专业的外包公司完成，甄选出技能成熟、文化匹配的员工作为正式员工持续培养和发展。因此在 R 公司提供的外包服务中，还有一个重要服务内容为“转编”管理。R 公司驻巡场 HR 会从员工入职宣导开始，宣贯“转编”的条件及重要性，确保员工能努力提升绩效，达到“转编”要求，顺利通过“转编”。在“转编”过程中，还需要完成三方关系的承接——员工与 R 公司解除劳动关系，与 C 公司建立新的劳动关系；社保、公积金关系随之发生转移——确保各项工作无缝衔接，员工享受法定福利不受“转编”影响。

(2) 合同“转签”。

由于行业格局重组，竞争态势发生了较大的变化，在 C 公司与 R 公司合作的第二阶段合作形式由项目制外包转变为长期固定外包。C 公司不再将入职满 4 个月的员工转为正式编制，而是需要签订三年期劳动合同。因此，R 公司需要与在职的四百余名员工中 4 个月合同期的外包员工签订长期劳动合同。为了实现平稳转移，避免群体性离职等极端事件发生，确保业务稳定不受影响，R 公司与 C 公司进行了深入的沟通，讨论出一套最优的解决方案，通过宣传造势、正向引导，从高层级到低层级“转签”，给员工设置留任奖金等方式，在一个月时间内完成了 384 人成功“转签”，“转签”率达 96%；同时做了完善的预案，针对“转签”过程中流失的 4%的员工，在一周内招聘补充到岗。

12.1.3 项目服务价值

当客户面临的外部市场瞬息万变的时候，从商业的角度去看问题，敢于突破和创新，才能在激烈的市场角逐中赢得客户的尊重和认可。

该项目的服务价值主要体现在以下几点：

（1）在业务初创期，迅速招聘并组建500人的团队，帮助发包单位占领市场重要席位。

（2）为客户量身定制中期转制外包服务产品，满足发包单位在发展的初期阶段人才蓄水池的需求，打造人才梯队建设。

（3）通过R公司对客服岗位外包管理的最佳实践，提炼出一套外包服务用工管理的方法论，并通过专业团队落地执行，真正实现了发包单位关注业务与市场发展、人力资源服务外包公司专注于团队管理及效能提升、“1＋1＞2”的管理模式。

（4）配合客户业务格局变化，迅速调整外包用工模式，优化服务内容，确保不同用工模式之间无缝切换，外包员工并未因为业务的频繁调整而感受到身份落差、缺少关怀等，业务持续稳定提升。

12.2　共享单车人力资源服务外包案例

12.2.1　项目背景

2016年是共享单车爆发年，用户高速增长，各类共享单车品牌如雨后春笋，但到下半年时竞争出现明显的两极分化，多强格局形成，几大品牌重叠用户范围扩大，竞争态势日趋激烈。

2017年1月底，时值农历新年前夕，某共享单车巨头（以下称A公司）完成新一轮融资。当时A公司已进入全国三十余座城市，计划2017年在全国新开城市一百余个，需要两千多名车辆运营人员及其他辅助岗位人员。

面临共享单车领域激烈的市场竞争，迅速进行全国覆盖是当下A公司的战略任务，此时需要一家有全国服务能力的外包公司在春节后第一时间启动项目，助力 A 公司业务迅速扩张。通过春节假期期间多轮沟通，R 公司在众多供应商中以专业的执行方案和迅速响应的服务态度赢得了该项目，成为 A 公司车辆运营外包项目唯一的人力资源服务外包公司。

R 公司对 A 公司的项目进行了充分的调研，对共享单车车辆运营人员的人力外包需求分析如下：(1) 快速组建服务团队：支持快速“开城”，提供高质量人才。(2) 外包服务团队系统化管理：依托系统平台支持，外包员工管理流程标准化。(3) 灵活用工：针对业务形态的多样性，提供多种用工形式，降低用工风险。(4) 成本优化：合理利用各地政策的优势，合法降低用工成本。

12.2.2　项目实施

1. 团队组建——关键词：零工期启动，保时保量

2017 年 2 月新年后第二个工作日，R 公司迅速组建一号工程专项小组，该小组人员独立、资源独立、费用独立，集全国之力，迅速开始了第一批次 14 个城市两百余人需求的执行。接下来的每个月，都有多个城市同时新增“开城”，平均每月平均新增需求 300 人以上。

R 公司在成立之初，就坚持以技术驱动高效人力资源管理服务，打造了线上线下相结合的招聘及服务管理平台，通过系统的支撑及线下团队的良好执行，很好地解决了 A 公司项目全国多点执行的问题。

(1) 线上：海量数据，精准匹配。

R 公司通过自主研发的线上后台系统，储备了海量有效简历，并对简历进行标签识别。项目经理通过对 A 公司所需车辆运营服务的服务人员关键标签如年龄、学历、工作经验等进行条件设定，精准筛选出简历库中符合条件的候选人，集中邀约到场面试。

(2) 线下：用产品化生产及管理的方式管理招聘。

线下执行过程中，针对 A 公司项目覆盖的一百五十余所城市，R 公司制定了三种不同的交付策略：

1) 一类城市：R 公司分公司覆盖的城市，通过招聘 APP 及微信公众号发布信息，以专场或综合场等方式安排宣讲面试，平均每场到访 300—500 人，100%完成交付。

2) 二类城市：R 公司无分公司覆盖的省会城市或二线城市，R 公司数据运作部提前两个工作日开始储备简历，项目经理提前踩点，使用 A 公司场地或租赁合适的面试场地执行，结合员工内部推荐，100%完成交付。

3) 三类城市：在三、四线城市，需求通常在 20 人以内。R 公司通过下载简历精准电话邀约、开发当地中介渠道、H5 或微信小号运营等方式完成招聘需求。

交付成果：2 月底，A 公司项目在岗三百余人，5 月在岗人员突破1 000 人，截至 9 月底完成 150 个城市、全职外包员工三千余人外包在岗交付。通过半年多的努力，R 公司在招聘交付上，向 A 公司交出了一份满意的答卷。

2. 外包服务——关键词：流程优化、保障有力、合法合规

(1) 人事运营服务。

1) 入职管理：线上资料审核＋线下合同签订相结合，有效管理风险，提高线下签订效率。

从招聘面试到人事管理环节，具体入职管理的流程如下：系统发送 Offer ⟶员工通过 R 公司微信公众号自助完善入职信息，提交入职资料电子版⟶系统审核＋R 公司驻巡场 HR 后台人工审核资料的完整度和准确性⟶入职当天纸质资料复核签字确认、员工培训（线上＋线下）⟶合

同签署，一周内盖章返还。

2）离职管理：线上自助申请，线下离职访谈，规避离职风险。

员工有离职意向或口头提出离职⟶驻巡场 HR 做离职面谈⟶确定无法挽留的员工，通过微信公众号提出离职申请⟶业务经理在线审批，安排员工完成工作交接⟶R 公司驻巡场 HR 为员工办理离职手续并开具离职证明。离职流程是容易发生劳动纠纷的环节，流程的不规范，容易导致员工因旷工而离职，带来严重的风险隐患。R 公司通过入职培训明确宣导离职流程及提前申请时间，规范员工行为，结合手机微信公众号自助提交离职申请等方式，简化了外包员工办理离职的烦琐流程，让离职申请及办理变得可操作、可监控。

3）请休假/加班管理：无纸化系统管理，便捷流程，数据可追溯。

员工通过 R 公司微信公众号提交请休假/加班申请⟶业务经理在线审批⟶请休假数据直接进入 R 公司外包管理系统后台，参与薪酬计算⟶系统后台可实时提取考勤报表。

4）考勤管理：灵活、准确、便捷，避免管理真空。

R 公司提供两种考勤方式，根据不同的项目特点灵活应用。考勤数据均直接同步到外包管理系统，参与薪酬计算：

● 固定打卡：网络考勤机，固定地点打卡，数据直接同步到 R 公司外包管理系统，后台可实时查看考勤报表。

● 移动打卡：手机移动端打卡，实时记录员工日常工作轨迹，轨迹异常时有提醒，后台可实时查看考勤报表。

外包岗位考勤复杂多样，考勤不规范会造成薪酬核算错漏，更严重的会带来管理真空，甚至出现吃空饷的现象。科学的考勤管理，是外包管理系统和外包服务中必不可少的重要的一环。

5）薪酬核算：线上统计，线下核对，实现薪酬管理的准确性、及时性、保密性。

R公司驻巡场HR维护入离职信息完整⟶R公司社保专员办理社保增减员，出具社保账单⟶薪酬专员根据系统中的基础数据及实时更新的考勤、绩效数据完成薪酬核算，出具对账单⟶A公司人力资源部门确认薪酬及账单⟶R公司发放薪酬⟶系统后台自动群发工资发放提示消息⟶员工通过微信公众号自助查询工资条。

6）沟通反馈机制：多渠道，及时性，可监控。

对于常见问题：外包管理系统后台关键词自动回复＋人工客服在线实时答疑，解决员工80％的疑问。

对于个性化问题：驻巡场HR微信/电话＋现场响应，解答其余20％的个性化问题。

（2）用工风险管控。

1）工伤/意外伤害。

为了确保业务正常运转，同时为员工提供更好的服务保障，R公司为外包员工额外购买了雇主责任险，可以涵盖意外身故、意外医疗、误工费等。由于A公司的车辆运营人员日常工作均为外勤，发生交通意外、意外伤害的几率较高，发生工伤时，R公司驻巡场HR及时帮助员工就医治疗，提交工伤认定或劳动能力鉴定，申请商保报销。良好的福利保障增加了运营团队的稳定性。

2）退工。

项目之初，R公司在理解A公司业务管理要求的基础上，与A公司沟通并制定了绩效考核规范，通过入职培训宣贯到位。针对绩效较差或者严重违纪的员工，R 公司驻巡场 HR 均第一时间出面沟通解决，至今未发生一起劳动纠纷。

3）群体事件。

R 公司在处理员工群体性事件方面积累了丰富的项目经验。发生群体性事件时，R 公司驻巡场 HR 第一时间出现场，安抚员工情绪并响应合理诉求，化解矛盾，妥善处置。

（3）员工关怀。

R 公司的驻巡场 HR 通过入职培训宣导、日常走访、节假日慰问等形式，与员工建立起良好的工作感情，关注员工在 A 公司的成长及发展，及时疏导员工在工作中的不良情绪与压力。

（4）实习生“转签”。

2017 年 4 月，A 公司在全国有两百余名实习生，分布多个城市，面临即将毕业需要换签劳动合同，涉及多个岗位，而且薪酬不同，区域政策不同。R 公司专业法务团队提供咨询服务，支持外包团队在两天之内完成将 A 公司全国两百余名实习生的实习协议转移至 R 公司，到 6 月实习生毕业时，R 公司及时换签劳动合同，做到无缝对接。

（5）兼职用工管理。

随着业务的扩张，A 公司的季节性服务需求也迅速增加。从 2017 年 5 月开始，A 公司先后在十余个城市提出了季节性服务需求。为了应对 A 公司的短期增量服务需求，R 公司提供了兼职服务人员的服务形式。兼职用工管理的特点在于：人员流动性大，招聘、考勤管理及日常行为管理难，对于社保、财税方面需要充分考虑，既要符合国家法律法规规定，同时还要考虑尽量降低用工成本。R公司通过自主开发的外包系统，较好地实现了对员工的考勤管理、薪酬计算和按周发放。

（6）其他增值服务。

R公司提供员工报销服务；为出国员工提供境外保险服务；支持新“开城”选址及薪酬、社保/公积金、当地政策等调研。

12.2.3 项目服务价值

A公司的蓬勃发展，不仅很大程度上化解了城市出行“最后一公里”痛点，更让环保出行、绿色交通的理念进一步深入人心，为城市生态带来了众多积极变化。A公司提出智能共享单车助力智慧城市建设，成立了行业内首个城市出行开放研究院，依托海量大数据平台和人工智能平台，通过创新研究全方位展现城市交通生长态势，为城市规划部门提供科学参考和决策依据，助力智慧城市建设。在与R公司的外包合作中，A公司也通过把非核心岗位和工作外包出去，让A公司把更多的精力放在核心技术的研发上面。

总结一下，该项目的服务价值有以下几点：

（1）外包人员需求100%满足，助力A公司聚焦核心技术，凸显竞争优势，成为行业独角兽。

（2）A公司外包员工平均月度流失率控制在5%以内，业务运营稳定有保障。

（3）结合A公司业务特点，探索多种用工模式，以最经济的方式进行人员配置，降低综合用工成本约15%。

（4）为A公司提供高效、安全的服务，确保项目合规运作，避免用工风险及用工纠纷，树立良好的公众品牌形象。

12.3　某互联网公司人力资源服务外包案例

12.3.1　项目背景

某全国领先的互联网技术公司（以下简称 Y 公司）旗下有多个业务板块，业务持续增长并不断创新。Y 公司多年来一直使用传统的雇佣模式，未见明显的不足，员工队伍也较为稳定。但随着业务的变化，移动互联对传统的用工模式提出了新的挑战：业务迅速上线时快速批量完成招聘的压力、对新员工的培训和持续跟进的要求、业务调整或淡旺季用工给人力资源管理及用工成本带来的挑战、国家放开“二胎政策”后传统雇佣模式用工风险的增加（尤其是女性员工较多的客服岗位“三期”风险的增加）。而与此同时，灵活用工在近几年受到越来越多的大中型企业尤其是互联网企业的欢迎，企业纷纷在灵活用工过程中受益，通过企业管业务、外包公司管人的方式，实现管理效能的提升。

从 2015 年开始，Y 公司与 R 公司就开始合作 RPO（招聘流程外包）业务，委托 R 公司为其基础岗位批量招聘。经过一年的时间，Y 公司与 R 公司在招聘合作上建立了良好的信任，实现了满意的交付结果。到 2016 年年初，双方开始就人力资源服务外包合作深入沟通。Y 公司人力资源部门及业务部门最为关心的两个问题为：（1）外包后如何保证业务的稳定性；（2）外包后既有自有员工，又有外包员工，双方的薪酬福利不同，管理模式也不同，如何保证团队的稳定性。

基于 Y 公司关心的两个问题，R 公司做了精心的准备，提前调研和了解 Y 公司的各业务现状，提供了详细的解决方案，并就方案与 Y 公司人力资源部门和业务部门进行多轮深入的交流，达成了外包的共识，从 2016 年正式开始了外包的合作，半年时间从一个城市推广到全国 3 个城市，多达 8 个事业部，一年时间后外包员工在岗超过 1 000 人。

12.3.2 项目实施

1. 保证业务稳定

R 公司在为 Y 公司提供外包服务过程中，为确保业务的稳定性，坚持三个关键点：

第一：组建服务团队人员标准不变，即：虽然部分岗位外包出来了，但人员选拔的标准不变。R 公司作为专业的人力资源服务外包公司，把招聘环节进行模块化分工，每一个环节的服务内容和关键 KPI 都同步给 Y 公司，确保过程可控，而最后的 Offer 环节由 Y 公司亲自把关，所以并不会因为外包而降低人员的进入门槛和员工的质量。

第二：培训机制不变。R 公司对员工进行入职培训，包括：公司介绍、企业文化、员工手册、规章制度，以及职业素养、职业技能、团队管理等通用素质类培训；而 Y 公司负责对员工进行业务技能的培训。

第三：管理机制不变。Y 公司对 R 公司的外包服务设定考核指标，R 公司将项目服务标准转化为员工的绩效指标，原则上一脉相承，管理和考核机制不变。

2. 保证团队稳定

针对 Y 公司担心的实行人力资源服务外包后团队里将出现两种不同的用工形式，新老员工之间如何融合，新员工可能会对比与老员工的薪酬福利差异，老员工可能会担心以后自己也被外包出去，互相影响，导致团队稳定性降低，R 公司将在其他项目上在员工管理、团队融合方面积累的成功经验，迅速嫁接到该项目，并持续创新、改善：

(1) 新员工（外包员工）：关注情感。

从新员工入职第一天开始，R公司提供给新员工三重关爱：一是R公司驻巡场HR提供入职引导和完善的后勤保障；二是Y公司的业务培训导师，负责教授业务知识；三是R公司为每位新员工安排一名资深员工作为师傅，以老带新，持续跟进新员工业务提升。

为了更好地促进新员工的融入，弱化“外包”的身份差异，R公司与Y公司一起设计了各种小环节以更好地提升员工的融入感，例如：1）一场组长见面会：在员工培训期结束，即将入组时，提前铺垫组长的优秀事迹，制造期待感。组长闪亮登场后与员工和谐沟通，消除员工入组前的迷茫和恐惧。2）一场师徒午餐会：入组后小师傅需提前邀约新员工共进午餐、畅谈未来，增进友谊。3）一场班前会：新员工参加未来班组的班前会，了解即将共事的同事情况和班组氛围。4）一份绩效模拟单：让每位新员工入组前拿到一份模拟成绩单，了解在即将加入班组的绩效竞争中自己的位置和短板。

(2) 老员工（自有员工）：心态调整。

Y公司在引进外包用工模式后，针对可能出现的老员工担心自己也被“外包”出去等团队不稳定因素，与R公司一起组织了一次老员工沟通会，鼓励员工说出自己的担心，通过官方的解答，打消员工的疑惑，加上内部的意见领袖积极传递正能量，员工很快统一了思想。

Y公司主要从两方面进行正向宣导：第一，外包的原因是业务激增，公司编制受限，需要增加人手缓解话务压力；第二，一切如旧，并不会因为外包而影响在职员工的绩效、奖金、福利等，一切由业绩说话。

3. 激活团队活力

通过持续的数据追踪和与Y公司紧密的互动，R公司提出建议，对于在岗一定周期（如一年以上）的员工或绩效排名前10%的员工，提供择优竞聘转为正式编制的机会。Y公司对此也给予了极大的支持。约有5%的员工，通过Y公司的“转编”考核，进入了正式编制。外包员工任职岗位也扩展到运营、培训等，从而打通了员工的职业发展通道。

与此同时，在自有员工团队中，由于有外包员工团队的一池活水，在不胜任者淘汰方面，更加规范起来。连续绩效不达标，经过培训或者转岗仍不能胜任的员工，按要求被淘汰，持续补充新鲜血液进入。通过一年半的良性运作，Y公司实现了内外循环，并建立了一个稳定的人才蓄水池。团队良好的竞争性和活力，日益明显。

12.3.3 项目服务价值

Y公司与外包公司的合作的价值，在以下几方面得到了明显的体现：

(1) 降低了综合用工成本：Y公司的薪酬福利体系在市场上整体竞争力较强，因此基础岗位的综合用工成本也高于市场平均水平，主要体现在绩效和员工福利上。R公司承接该项目后，对当地同类型岗位薪酬水平进行合理调整，新招外包员工的薪酬水平在市场上也具备一定的竞争力；在员工福利方面，重点从创意策划入手，提高“90后”员工的参与感，从而达到整体企业氛围的融洽。

(2) 激活团队活力。如前所述，因为自有和外包两种用工模式并行，合理的激励制度，奖优罚劣，鼓励优秀，更好地激发了员工的积极性，让团队的士气、竞争力、稳定性都得到了较好的提升。

(3) 探索多种用工模式：Y公司业务的扩张，给季节性用/退工、实习生、劳务报酬发放（高额的劳务税）等都带来了新的挑战，R 公司利用全国平台优势，以及对各地财税政策等的深度理解，在合法用工的前提下，为 Y 公司设计出了多种灵活用工新模式，极大地提升了 Y 公司业务的灵活性，帮助 Y 公司在激烈的市场竞争和新兴的业务板块，迅速站稳脚跟。由于人员补充到位，用工灵活，无后顾之忧，Y 公司多条业务线都在业界取得了遥遥领先位置。

后　记

本研究是在多位专家学者和一线实务工作者鼎力协作、共同努力下完成的，是集体智慧的结晶。

人瑞集团为调查研究提供了全面、系统、深入的研究案例和实务分析对象。人瑞集团 CEO 张建国先生全程参与、指导本书提纲的构建和部分章节的撰写，为整个调研提供了全方位支持；人瑞集团外包业务部副总经理谢丽霞女士全程负责实际调研和书稿撰写、修订的协调与落实工作，并参与了部分章节的撰写；人瑞集团外包业务部、技术开发部、财务部、法务部、人瑞学院等相关部门的负责人和工作人员以及与人瑞集团有业务往来的部分企业，都提供了富有研究价值的实际案例和相关信息，为研究奠定了坚实基础。

首都经济贸易大学劳动经济学院的研究团队全面完成了项目的整体设计、实际调研和理论分析，并在此基础上结合国内外发展状况完成了书稿的编撰工作。研究团队的教师和研究生——冯喜良、詹婧、雷晓天、常成、毛畅果、张成刚、苗仁涛、毛艾琳、王雪祺、涂文嘉、赵越、冯岩飞等——共同完成了大量的实地调研、资料文献分析和部分章节的撰写工作，冯喜良、詹婧同时承担了对全书的审阅、修订和统稿工作。各位所付出的辛勤劳作是研究成果能够顺利面世的重要基础，在此一并感谢。

本书的出版离不开人瑞集团市场部副总裁谢宗良所提供的全方位支持和诸多建设性意见，同时感谢人瑞集团各专业体系同事——车英剑、尚昭、邓晖、孟玉柱、李文佳、齐勇、廖慧咏、陈健以及外包团队各实务工作者——为本书提供的大力支持，感谢你们的辛勤付出。

人力资源服务外包在中国尚处于初级发展阶段。本研究成果虽然是在全面、深入调查分析现实状况的基础上完成的，但仍然属于阶段性、初级性研究成果，在理论分析、政策解读、实际操作等方面会存在诸多不足，这也是后续研究所应关注的重点问题。同时，也请学界及实务界的同仁多多批评指正，共同推动该项事业的健康、可持续发展。

图书在版编目（CIP）数据

灵活用工：人才为我所有到为我所用/冯喜良等著．—北京：中国人民大学出版社，2018.4

ISBN 978-7-300-25693-1

Ⅰ.①灵… Ⅱ.①冯… Ⅲ.①企业管理-人力资源管理-研究 Ⅳ.①F272.92

中国版本图书馆 CIP 数据核字（2018）第 061197 号

灵活用工

——人才为我所有到为我所用

冯喜良　张建国　詹　婧　谢丽霞　著

Linghuo Yonggong

出版发行	中国人民大学出版社		
社　　址	北京中关村大街 31 号	**邮政编码**	100080
电　　话	010－62511242（总编室）		010－62511770（质管部）
	010－82501766（邮购部）		010－62514148（门市部）
	010－62515195（发行公司）		010－62515275（盗版举报）
网　　址	http://www.crup.com.cn		
经　　销	新华书店		
印　　刷	德富泰（唐山）印务有限公司		
开　　本	720 mm×1000 mm　1/16	**版　　次**	2018 年 4 月第 1 版
印　　张	17 插页 2	**印　　次**	2024 年 7 月第 10 次印刷
字　　数	177 000	**定　　价**	93.00 元